사회를 달리는 십대
경제

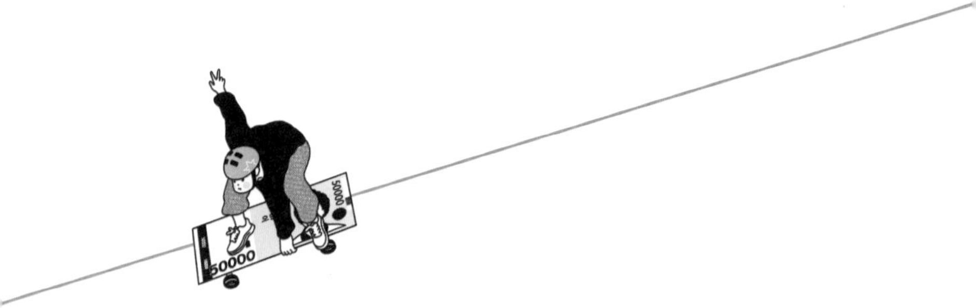
50000

사회를 달리는 십대 경제

황정숙·송현정·옹진환·이상인 지음

우리학교

프롤로그

능동적으로 세계를 바라보고 상상할 수 있다면

우리가 속한 세계는 지금 이 순간에도 빠르게 변화하고 있다. 그 자체를 좋다거나 나쁘다고 단정하기는 어렵지만, 어떤 방식으로든 이전과 달라지는 것은 필연적이다. 사회 구성원으로서 우리는 변화에 적응해야 할 뿐 아니라 변화를 바람직한 방향으로 이끌어 가는 능동적 존재가 되어야 한다. 청소년들 역시 마찬가지다. 학교에서 배운 바를 '앎'에서 그치지 않고 '삶'에서 실천하며 눈앞에 직면한 문제를 해결할 수 있어야 한다. 우리가 배우는 모든 것은 지금 발을 딛고 서 있는 세계와 떼어 놓을 수 없기 때문이다.

이 책에서는 빠르게 변화하는 세계 속에서 학교 교육이 충분히 담아내지 못한 현실의 쟁점을 여섯 가지 주제를 중심으로 살펴보고자 한다. 기본소득에서부터 공유경제, 빅데이터, 암호화폐, 언택트, 젠트리피케이션까지, 이 책이 다루는 여섯 가지 주제는 현재 우리 사회에서 일어나고 있는 변화, 특히 경제 이슈와 연관되어 있다. 수많은 이슈 중 특별히 이 여섯 가지를 선별한 가장 큰 이유는 '현재성'이다. 오늘날 가장 뜨거운 관심을 불러일으키는 이슈들로, 이에 대한 이해를 통해 우리 사회가 직면한 문제에 한 걸음 더 다가갈 수 있다고 보기 때문이다. 또 다른 이유는 해당 주제가

미치는 영향력의 범위다. 여섯 가지 주제는 '경제'라는 범주로 묶여 있지만, 사회 조직, 가치관, 법, 인간관계 등 그 외의 다른 부분들에도 작지 않은 영향을 끼치므로 하나의 현상을 폭넓게 바라볼 기회를 제공한다.

이 책은 노동자의 권리나 개인 정보 침해, 임대료 상승, 디지털 격차 등의 문제에 대한 명쾌한 해답을 내놓지는 않는다. 그보다는 이슈와 관련된 다양한 현상과 문제를 이해하고 깊이 사유하도록 이끄는 것을 목적으로 하고 있다. 저자들 역시 코로나19 사태라는 낯선 변화 속에서 어떤 것이 우리 사회의 중요한 문제인지 고민하며 주제를 선정하고 글을 썼다. 청소년 독자들도 지금 우리가 처한 현실을 인지하며, 이 책을 통해 각 이슈와 관련된 문제에 좀 더 관심을 기울이고 생각할 수 있기를 바란다. 동시에 우리가 무엇을 할 수 있을지, 내가 무엇을 할 것인지를 상상하는 시간을 가질 수 있다면 무척 기쁠 것이다.

2021년 3월

저자 일동

차례

1

기본소득

힘들다. 이렇게 공부하는데도
하고 싶은 일을 하며 살 수 없다니.
난 공무원 말고
예술가가 되는 법을 알아냈어.
바로 기본소득이지.
돈이 있건 없건 직업이 있건 없건
나이도 성별도 상관없이 모든 국민에게
준다는 최소 생활비 말이야?

맞아.
숨만 쉬어도 주지.
그래서 호흡법을 연습하고 있어.
명상 예술가지.
너처럼 일 안 하고 놀까 봐
기본소득 도입을 망설이는 거라고.
일은 로봇이 할 거야.
사람은 창의적인 모험과 도전을!
일단 저를 좀 더 쓸 만하고
덜 비싸게 만들어 주시죠.

하늘에서 돈이 내린다면

모두가 공짜 월급을 받게 되면
어떤 일이 일어날까?

십수 년 전, 엉뚱하고 황당한 이야기로 사람들 시선을 끌던 이가 만약 자신이 대통령이 되면 모든 국민에게 100만 원이 넘는 큰돈을 매달 나눠 주겠다고 큰소리쳤습니다. 불효자는 사형시킨다는 공약도 내걸었던 사람이라, 다들 그 말에 헛웃음을 흘렸죠.

그런데 2016년, 스위스에서 모든 성인에게 매달 2500스위스프랑(약 310만 원)을, 어린이와 청소년에게는 650스위스프랑(약 80만 원)을 나눠 주는 제도에 대한 국민 투표가 실시되었습니다. 바로 '기본소득' 찬반 투표였어요. 매달 공짜로 310만

원이 생긴다니! 만약 여러분이 아무 일도 안 하는데 이런 '큰 돈'을 받는다면 어떤 삶을 살게 될 것 같나요?

기본소득은 말 그대로 기본적인 생활을 유지할 수 있는 생활비를 국가가 모든 국민에게 아무 조건 없이 나눠 주는 제도예요. 사실 국가가 국민에게 돈을 나눠 주는 것이 낯선 일은 아니죠. 형편이 매우 어려운 국민 '일부'에게 생계비를 지급하는 일은 중요한 사회 복지 제도 중 하나이니까요.

하지만 '모든' 국민에게 돈을 나눠 주는 일은 조금 다른 문

"기본소득을 받는다면 무엇을 할 것입니까?"라고 묻는 스위스 제네바 플랭팔레 광장의 초대형 포스터.

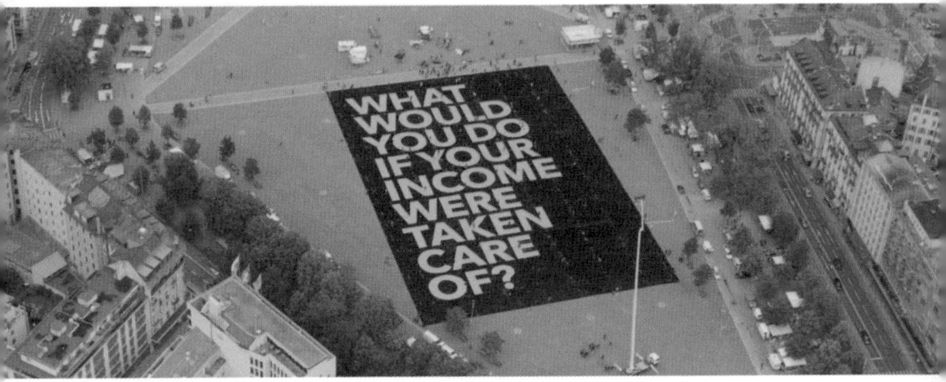

제입니다. 스위스뿐 아니라 지금 전 세계 여러 곳에서 부유하든 가난하든, 직업이 있든 없든, 어른이든 어린이든, 대기업 CEO든 아르바이트생이든 모두에게 무조건 생계비를 지급하는 기본소득 실험을 하고 있어요. 토머스 모어(Thomas More)의 『유토피아』에서 논의되던 꿈같은 이야기가 우리 앞에 현실로 다가온 거예요.

놀랍게도 스위스 사람들은 기본소득 도입을 거부했습니다. 그것도 찬성 23.1퍼센트, 반대 76.9퍼센트라는 압도적인 차이로요. 공짜 돈을 포기하다니, 도대체 왜일까요? 그 배경에는 한 나라의 경제 문제와 복지 문제가 매우 복잡하게 얽혀 있어요.

스위스는 모두가 부러워하는 복지 국가죠. 일자리를 잃으면 실업 급여가, 아이를 낳으면 양육 수당이, 아프면 의료비가 나옵니다. 하지만 이를 제대로 운영하려면 엄청난 돈이 필요해요. 특히 누구에게 어떤 혜택을 줄지 일일이 조사하고 그걸 받은 사람이 제대로 쓰는지 감독하는 데 들어가는 복지 관리 비용이 어마어마하죠.

스위스의 기본소득 도입 논의는 이런 복잡한 시스템을 없애고 모두에게 똑같은 금액의 생계비를 지급하는 게 더 효율적이라는 생각에서 시작되었어요. 하지만 기본소득이 정말 기존 복지 제도를 대신할 수 있을지, 그 돈은 어떻게 마련할지에 대한 구체적인 계획이 세워지지 않은 상태에서 국민 투표를 하게 된 스위스 사람들은 310만 원을 포기하겠다는 반대표를 던진 것입니다.

알래스카와 인도, 그리고 대한민국의 경험

스위스와는 조금 다른 배경을 가진 기본소득도 있습니다. 바로 알래스카의 사례예요. 1981년 마시 오스 씨는 어부를 만나 결혼하고 작은 어선을 구입했어요. 열심히 물고기를 잡아서 번 돈으로 작은 집을 마련하고 자녀 교육에도 보태겠다는 계획을 세웠죠. 그런데 그해 물고기들이 전염병에 걸리는 바람에 생선값이 폭락했고, 오스 씨 부부는 미래를 꿈꾸기는커녕 생계유지조차 어려운 상황이 되었습니다.

이때 오스 씨가 어려운 시기를 이겨 낼 수 있었던 것은 주민 1인당 1년에 1000달러(약 110만 원)씩 지급된 기본소득 덕분이었습니다. 이 돈은 도대체 무엇일까요? 바로 알래스카주가 유전 개발로 벌어들인 석유 수익금이었어요. 알래스카 유전은 주민 모두의 공동 자산이라는 생각에서, 매년 석유 판매

수익금의 일부를 적립해 주민들에게 배당금으로 지급한 거예요.

알래스카주는 기본소득 덕분에 미국에서 빈곤율과 소득 불평등 지수가 낮은 주로 손꼽히게 되었어요. 경제적 어려움을 겪던 주민들이 자립하는 데 도움을 주었을 뿐만 아니라 최소 7000개의 일자리가 생겨났죠. 시행한 지 40년이 지난 지금도 이 정책은 알래스카 주민에게 큰 환영을 받고 있습니다.

극빈자가 많은 인도의 기본소득 실험도 흥미롭습니다. 인도 마디아프라데시주에서는 2011년 6월부터 2012년 8월까지 9개 마을의 6000명에게 기본소득을 지급했어요. 성인은 매달 200~300루피(약 3000~4500원), 어린이는 매달 100~150루피(약 1500~2300원)를 받았죠.

적은 돈이었지만 사람들의 소득 수준이 향상되어 각 가정에서 충분한 식사를 할 수 있게 되었고 경제적 자립도도 높아졌어요. 어린이들의 학교 출석률과 정상 체중을 가진 어린이 비율도 늘었고요. 이 같은 결과를 본 인도의 정치인들은 기본소득 도입에 관심을 가지기 시작했습니다.

우리나라도 정부가 모든 국민에게 돈을 나눠 준 사례가 있었습니다. 2020년 5월, 코로나바이러스 감염증-19의 확산으

기본소득은 '개개인에게' 아무 조건 없이 '정기적으로' 지급된다.

로 경제 위기를 겪으면서 가족 수에 따라 각각 40만~100만 원씩 지급했죠. 그 뒤 소상공인이나 저소득층, 미취학 아동과 초등학생 · 중학생 가정에 지원금을 지급하기도 했어요. 물론 기본소득과 긴급 재난 지원금은 조금 다릅니다. 기본소득은 국가나 지방 자치 단체와 같은 정치 공동체가 모든 구성원 '개개인에게' 아무 조건 없이 '정기적으로' 지급하는 현금 소득을 말하니까요.

잠깐이었지만 재난 지원금은 소득이 없어 쩔쩔매던 사람들의 급한 불을 꺼 주고, 소비도 반짝 늘어나 움츠러들었던 경제에 숨통을 틔워 주었어요. 덕분에 우리나라에서도 기본소득에 대한 관심이 뜨거워졌어요.

500년 전 아이디어는 어떻게 다시 힘을 얻었을까?

'기본소득(basic income)'이라는 용어는 1953년 영국의 경제학자 조지 콜(George Cole)이 처음 사용한 것으로 알려졌어요. 하지만 기본소득에 대한 아이디어는 이미 오래전부터 시작되었어요. 1516년 토머스 모어가 제안한 '최소 소득'이나 미국의 독립을 주장한 토머스 페인(Thomas Paine)의 '토지 공유 자산' 개념도 기본소득으로 볼 수 있죠. 이후에도 기본소득 논의는 여러 학문적 배경 속에서 다양한 방향으로 이어졌습니다. 그렇다면 기본소득 이야기가 최근에 다시 힘을 얻기 시작한 데는 어떤 배경이 있었을까요?

우리는 일해서 소득이 생겨야 먹고살 수 있는 자본주의 사회에서 살고 있어요. 일할 수 없거나 일하더라도 저임금으로 생계가 어려운 경우에는 나라에서 생계비를 지원하는 공공부조로 최소한의 생활을 보장하고, 일하는 도중에 질병이나 사고로 일을 못 하게 된 경우 또는 실업이나 은퇴로 일하지 못하게 된 경우에는 건강 보험이나 산재 보험, 고용 보험이나 국민연금 등의 사회 보험을 통해 위기를 이겨 냅니다. 이 같은 제도는 국민의 삶이 나락으로 떨어질 때 국가가 이를 받쳐 주는 사회적 안전망으로 마련되었죠.

하지만 처음부터 이런 사회 복지 제도가 존재했던 것은 아닙니다. 산업 혁명이 시작되고 초기 자본주의가 심화되던 무렵 노동자들의 삶은 매우 비참했어요. 노동자들은 저임금 · 장시간 노동에 시달렸고, 작업 중에 다치거나 질병으로 일을 못하게 되면 쫓겨났어요. 노동자들은 이런 열악한 노동 환경을 개선하고 권리를 보장받기 위해 노동 운동을 전개했죠. 그 결과 영국에서는 19세기 초반에 공장법이 개정되었고, 1890년 무렵에는 유럽 대부분의 나라와 미국에서 노동조합이 합법화되었어요.

그러나 1930년대 대공황을 거치면서 세계는 대규모 실업과 빈곤을 겪게 돼요. 실업으로 소비가 줄어 공장이 멈추고, 다시 실업이 발생하는 악순환이 이어지자 정부가 시장에 개입해 문제를 해결해야 한다는 목소리가 힘을 얻었죠. 최소한의 인간다운 삶을 보장하기 위해 최저 생계 보장, 교육 기회 보장, 국민의 건강 보호, 완전 고용 추구 등을 목적으로 하는 사회 보장 제도가 마련되기 시작했어요.

그러다가 1970년대에 두 차례의 석유 파동을 겪으며 세계는 경기 침체에 빠집니다. 이때 영국과 미국을 중심으로 한 선진국들은 사회 복지 지출을 축소하고 기업과 자본의 논리를 강화하는 경제 정책을 펴게 되는데, 이를 '신자유주의'라고 해요. 신자유주의는 국가 간의 장벽을 허물고 자유 무역을 강조하며 전 세계로 확산되었어요. 기업 간 인수 합병이 일상화되고, 노동 시장이 유연화되면서 노동자들은 상시적인 실업과 고용 불안에 직면하게 되었죠. 그러다 보니 안정적인 일자리를 두고 무한 경쟁이 벌어졌고 정규직과 비정규직 간의 불평등 문제가 심각해졌어요.

노동 시장의 유연화

기업이 노동력의 투입량을 쉽게 늘리거나 줄일 수 있는 상태를 말한다. 기업가가 노동자를 자유롭게 해고하거나 줄일 수 있고, 근로 시간이나 임금을 조정할 수 있다는 뜻이다.

이때 4차 산업 혁명이라는 기술 혁신이 더해지면서 일자리 문제는 더 큰 어려움을 맞습니다. 줄어드는 불안정한 일자리마저 인공 지능과 첨단 기술을 앞세운 기계로 대체되어 사라지기 시작한 거예요.

2019년 영국의 경제 분석 기관인 옥스퍼드 이코노믹스(Oxford Economics)의 보고서는 2030년이면 로봇이 전 세계 2000만 개의 제조업 일자리를 대체할 것으로 예측했다.

로봇이 노동자가 되는 미래, 새로운 복지 제도가 필요하다

우리가 이미 일상적으로 사용하는 키오스크(무인 단말기)와 챗봇부터 로봇 바리스타, 음식 배달 로봇, 택배 로봇, 기사 작성 로봇, 거의 상용화에 다다른 자율 주행 자동차까지 다양한 분야에서 인공 지능이 활용되면서, 인류는 심각한 일자리 부족 문제에 부딪혔습니다.

플랫폼 노동자
4차 산업 혁명으로 기술이 발달하면서 형성된 새로운 노동 형태로, 디지털 플랫폼에서 노동력이 거래된다. 예를 들어 애플리케이션으로 주문을 받고 음식점에서 고객의 집까지 음식을 배달하는 사람을 '플랫폼 노동자'라고 한다.

설상가상으로 최근 새롭게 등장한 플랫폼 노동은 부족한 일자리마저 더욱 열악하게 만들고 있습니다. 코로나19 사태로 일자리를 잃은 사람들이 늘어난 한편, 비대면 상황으로 택배 물량이 폭발적으로 증가하면서 택배 시장은 도리어 일손이 부족해졌죠. 그러면서 많은 실직자가 플랫폼 노동자로 일하게 되었어요. 그런데 이들은 특수고용직 노동자로 분류되기 때문에 근로 기준법의 보호를 받지 못하고 최저 임금이나 4대 보험도 적용받지 못해요. 사회적 안전망의 바깥에 놓인 셈이죠. 이처럼 어떤 사람들은 일하고 싶어도 일자리를 찾을 수 없거나 열악한 일자리라도 감수할 수밖에 없는 상황에 놓여 있어요.

복지 제도가 잘 갖춰진 선진국은 늘어나는 실업자와 고령화로 더 이상 복지 재정을 감당하기 어려운 지경이 되었고, 가난한 나라들은 전보다 더욱 심한 빈곤과 사회적 불안에 시달리고 있어요. 특히 전 세계적으로 첨단 기술과 디지털 플랫폼을 소유한 사람, 부동산과 자본을 가진 사람과 그렇지 못한 사람 사이의 소득 차이가 크게 벌어지면서 빈부 격차와 사회적 불평등이 심각해지고 있어요.

이러한 문제는 기존의 일자리 중심 복지 제도로는 해결하기 어렵기 때문에 새로운 형태의 복지 제도가 필요합니다. 그것이 바로 기본소득이에요. 기본소득을 통해 일자리가 부족한 상황에서도 최소한의 인간다운 삶을 보장받고 실질적인 자유와 권리를 누릴 수 있기 때문이죠. 기본소득이 보장되면 소비가 늘고 기업의 생산도 늘어나 새로운 일자리가 창출되는 효과도 생겨요.

하지만 일정한 소득을 지급한다는 기본 원칙 외에 실제로 기본소득의 형태와 방식에 대한 생각은 제각각입니다. 어떤 사람들은 개인의 삶이 나락으로 떨어지는 것을 막고 최소한의 인간다운 생활을 할 수 있는 수준의 최저 생계비를 보장해야 한다고 주장하고, 어떤 사람들은 복지 제도를 모두 폐지하고 기본소득으로 바꾸기를 원합니다. 또 누군가는 기존 복지 제도에 기본소득을 추가하기를 원하죠.

기본소득이 기존 복지 제도를 완전히 대체할 수 있는가의 문제는 어떤 수준의 기본소득이 도입되는가에 달려 있어요. 지원 금액이 많은 높은 수준의 기본소득이 도입되면 사회 보험과 공공 부조의 필요성이 줄어들겠지만, 지원 금액이 적은 낮은 수준의 기본소득이 도입되면 이를 대체할 수 없을 테니까요. 따라서 기본소득의 도입 단계에서는 기존 복지 제도와 나란히 갈 수밖에 없다는 의견이 많아요.

모두에게가 아니라 어려운 사람에게만 주면 안 돼?

기본소득을 모두에게 지급하려면 큰돈이 들고, 부자에게 돈을 줄 필요는 없으니 가난한 사람들에게만 집중해서 주자는 사람들이 있습니다. 보편적 복지보다 선별적 복지가 더 효율적이라고 주장하는 거예요. 모두에게 기본소득을 지급하다 보면, 기존의 사회 복지 수혜자에게 주어지던 혜택이 줄어들 수 있다고 생각하는 것이죠. 이에 대해 기본소득 도입을 지지하는 이들은 기본소득으로 인해 사회적 약자에게 주어지던 기존의 사회 복지 혜택이 줄어들면 안 된다는 입장을 분명히 하고 있어요. 기본소득은 기존의 복지 제도를 폐지하는 것이 아니라 사회 변화에 따른 새로운 복지 제도가 되어야 한다는 뜻이죠.

보편적 복지와 선별적 복지

보편적 복지란 차별 없이 모든 국민에게 복지 서비스를 제공해야 한다는 입장이고, 선별적 복지는 저소득층을 중심으로 필요한 사람에게 선택적으로 복지 정책을 펼쳐야 한다는 입장이다.

앞서 이야기했듯 현재의 복지 제도는 인공 지능과 첨단 기술이 가져온 자동화 · 기계화로 일자리가 줄어드는 문제나, 그로 인해 노동 형태가 바뀌며 생기는 문제들을 해결해 주지 못하고 있어요. 이 같은 복지의 사각지대를 기본소득으로 해결하자는 것이죠.

게다가 기존의 선별적 복지 제도는 복지 대상자의 노동 의욕을 감소시킬 우려가 있어요. 장애인 급여를 받는 장애인이나 기초 생활 수급자가 기술을 익혀서 일자리를 찾았다고 해봅시다. 일정 수준 이상의 소득이 생기면, 이들의 복지 혜택은 대폭 감소하거나 사라집니다. 만약 한 달에 150만 원의 생계비 지원을 받던 사람이 160만 원 소득의 일자리를 구하면 어떻게 될까요? 세금을 내고 교통비처럼 출퇴근에 들어가는 비용을 빼면 오히려 전보다 소득이 더 줄어드는 결과를 가져오죠. 일하다가 다치거나 병이 재발되어 일을 그만둘 수도 있고, 불안정한 일자리라 실직할 가능성도 커요. 그러면 번거롭게 또다시 복지 신청을 해야 하고, 그사이 생계는 더욱 어려워집니다. 이러한 상황에서는 일하고자 하는 의욕이 떨어져 차라리 실업 상태로 머물면서 정부의 지원을 받는 것이 낫다고 생각하는 사람들이 늘어날 수 있어요.

또 선별적 복지는 복지 대상자 스스로 부정적 심리를 가지게 하거나 그들에 대한 낙인 효과와 불공정 문제를 일으키기도 합니다. 복지 대상자를 심사하고 선별하는 과정에서 나타나는 문제점이죠. 일단 이 과정에서 시간과 비용이 많이 들어요. 또 복지 대상자가 자신의 경제적 형편과 건강 상태를 입증하는 과정에서 모멸감이나 수치심을 느끼기도 하고, 복지 대상자라는 사회적 낙인이 찍히기도 하고요. 심사 과정에서 복지 혜택을 받아야 할 사람이 받지 못하고 엉뚱한 사람이 받게 되는 행정 착오나 불공정 문제가 생기기도 하죠.

기본소득을 받는 삶은 어떻게 변할까?

기본소득을 도입하면 어떤 점이 좋을까요? 가장 큰 장점은 일자리를 잃어도 삶이 무너지지 않는다는 것입니다. 위기에 처했을 때 살아갈 힘을 얻을 수 있다는 점에서 가장 큰 효과는 저소득층에게 나타나겠죠. 그러나 위기가 특별한 사람에게만 찾아오는 것은 아니에요. 세계적으로 주목받은 영화 〈기생충〉은 사업에 실패하고 갑작스레 생계를 이어 갈 방법이 사라졌을 때 보통 사람들의 삶이 얼마나 추락할 수 있는지를 보여 줍니다. 앞서 만나 보았던 알래스카주의 마시 오스 씨가 언론과의 인터뷰에서 "별다른 수입이 없던 시절에는 연 1000달러의 배당금이 마치 1만 달러 이상처럼 느껴졌어요."라고 말한 것은 위기 상황에서 기본소득이 얼마나 도움이 되는지를 보여 줍니다.

기본소득은 불안정하고 위험한 직종을 가진 사람들에게도 의미 있는 제도입니다. 원하지 않아도 당장 먹고살기 위해 어쩔 수 없이 위험하고 힘든 일을 해야 하는 사람들이 있죠. 우리나라 헌법 제15조는 직업 선택의 자유를 보장하지만, 실제로 당장 먹고살 길이 없는 상황에서 직업 선택의 자유는 제한적이고 소극적일 수밖에 없어요. 사람들이 저임금 노동, 장시간 노동, 위험한 노동을 하는 이유는 대개 생계를 유지할 다른 방도가 없기 때문이에요.

기본소득은 사람들에게 좀 더 나은 일자리를 선택할 기회를 줍니다. 현재의 복지 제도는 실업자가 되어야만 실질적인 혜택을 받을 수 있고, 직장에 다니면서 자기 계발을 하거나 학교에 다니며 더 배우기에는 어려움이 있거든요.

더 나은 직업을 가지고 더 나은 삶을 살기 위해 우리에게 필요한 것은 '시간'입니다. 만약 사람들이 기본소득을 받게 된다면, 월급이 적어지더라도 현재 하는 일을 줄여 마음 놓고 자신이 원하는 일을 하기 위한 준비를 할 수 있어요. 또 형편이 어려운 학생들이 학비와 생계비를 벌기 위해 아르바이트를 하느라 학업을 미루거나 충분히 공부할 시간을 가지지 못하는 상황에서 벗어나 학업에 집중해 더 높은 성취를 이룰 수도 있겠죠. 그렇게 더 많은 사람이 기본소득 덕분에 진정으로 원하는 일을 찾게 되면, 모두가 실질적인 자유와 행복을 누리는 사회가 될 것이고 사회의 불평등이 개선되는 결과로 이어질 것입니다.

무엇보다 사람들이 기본소득을 받게 된다면, 단순히 생계

를 위한 일이 아니라 사회적으로 가치 있고 개인의 삶을 의미 있게 만드는 일을 선택할 수 있습니다. 예를 들어 시민 사회단체 활동이나 봉사 활동과 같은 공익을 위한 일에 관심을 가질 수 있어요. 기본소득이 보장되니 가치 있지만 보수가 낮아 망설이던 일을 선택할 기회를 얻게 되는 것이죠. 문화 예술 활동과 같이 창의성과 잠재력을 발휘하는 일을 선택할 수도 있을 거예요.

또 기본소득은 다양한 계층의 사람들이 노동 시간을 줄이고 정치 · 경제 문제에 참여하게 만들 거예요. 일자리를 얻기 위한 무한 경쟁에서 한 걸음 물러나 노동의 의미를 성찰하고 삶의 가치를 찾는 심리적 · 경제적 여유를 가지게 될 테니까요.

이뿐만이 아니에요. 기본소득을 통해 여성들의 경제적 능력이 강화되어 남성에게 의존하기보다 동등한 주체로 인정받을 수 있어요. 또 기본소득으로 노동 시간이 줄어들면, 그동안 돌봄 노동에 소극적이었던 남성들이 적극적으로 참여할 여지가 생기죠.

기본소득 때문에
놀고먹으면 어떡하지?

물론 기본소득에 대해 반대하는 목소리도 큽니다. 노력해서 얻은 돈이 아니라 공짜로 받은 돈이니, 이를 흥청망청 유흥비에 써 버릴 것을 우려할 수도 있겠죠. 하지만 2014년 세계은행(WB)은 라틴아메리카, 아프리카, 아시아 등 여러 나라에서 진행된 기본소득 실험을 분석한 결과, 사람들이 지원금을 술과 담배를 사는 데 써 버렸다는 근거는 찾을 수 없다는 사실을 보여 주었어요. 특히 가난한 사람일수록 유흥비에 지출하는 일이 없었죠.

2017년 미국의 비영리 단체인 경제 안보 프로젝트(ESP)가 하스타드 전략 연구소와 함께 알래스카 주민 1004명을 대상으로 실시한 조사에서도 마찬가지입니다. 사람들은 배당금의 대부분을 신용 카드 빚을 갚거나 저축과 같은 미래를 위한 투자에 사용했어요. 일부는 생활비로 썼고요.

기본소득에 대한 가장 큰 우려는 사람들의 노동 의욕이 떨어질지도 모른다는 것입니다. 쉽게 말해 기본소득을 주면 사람들이 일하지 않고 놀고먹지 않을까 하는 걱정이죠. 여러분이라면 어떨까요? 기본소득에 만족하며 일하지 않을까요?

이미 오래전부터 기본소득 도입을 고민해 온 나라들은 여러 차례 실험을 실시했어요. 미국 뉴저지주에서는 1968년부터 3년간 1357가구에 현금을 지급했는데, 이때 남성의 주당 노동 시간은 한 시간, 여성은 다섯 시간이 줄었어요. 대신 남성은 해고를 대비한 교육 훈련 시간이 늘었고, 여성은 자녀와 함께하는 시간이 늘었죠. 사람들이 기본소득을 받는다고 해서 무조건 놀지는 않았던 거예요.

가장 최근의 대표적인 기본소득 실험은 핀란드에서 이루어졌는데, 실업자 2000명에게 아무 조건 없이 매달 560유로(약 75만 원)를 지급했죠. 결과는 어땠을까요? 기본소득을 받은 실업자들의 취업 효과는 미미했지만, 행복감이 높아지고 삶의 질이 나아진 것으로 나타났어요. 이러한 실험 결과는 일자리

세계 여러 나라의 기본소득 실험

국가	시기	대상
미국	1968~71년	뉴저지주 1357가구
캐나다	1974~79년	매니토바주 1300가구
미국	1982년~	알래스카주 주민
나미비아	2008~09년	오트지베로-오미타라 마을 60세 미만의 연금 미수령자 930명
인도	2011~12년	마디아프라데시주 농촌 지역 8개 마을 및 1개 부족 마을
미국	2016년	오클랜드 중위 소득 미만 100가구
핀란드	2017~18년	전국 25~28세 실업자 중 2000명
스페인	2017~19년	바르셀로나 익스 베소스 1000가구
캐나다	2017~19년	온타리오주 연 소득 일정 미만 4000명 (시행 1년 만에 재원 문제로 중단)
대한민국	2016년~	성남시 만 24세 청년 (2019년부터 경기도로 확대 시행)

※ 현재 미국, 브라질, 인도, 이탈리아, 네덜란드, 나미비아 지자체에서 부분 시행 중

가 충분하지 않을 때 기본소득이 어떤 도움을 줄 수 있을지, 일하려는 의욕을 떨어뜨리지 않으려면 기본소득을 얼마나 지급해야 하는지에 대해 더 많은 연구가 필요하다는 사실을 보여 줍니다.

사실 기본소득의 근본적인 쟁점은 '일하지 않는 사람이 돈을 받는 게 말이 돼?'라는 생각일지도 모릅니다. 열심히 일한 사람들이 낸 세금으로 일하지 않거나 일할 마음이 없는 사람들에게까지 기본소득을 주는 정책은 정의롭지 않다는 목소리도 있어요. 이러한 생각의 바탕에는 '일하지 않는 자는 먹지도 말라.'라는 사고가 자리 잡고 있습니다.

그러나 실제로 우리 사회를 들여다보면 상황이 달라집니다. 2019년 통계청 자료에 의하면, 우리 사회의 전체 노동자 중 비정규직 노동자의 비율은 36.45퍼센트로 급증했고, 청년 실업률은 10.2퍼센트나 돼요. 일하고 싶어도 일자리가 부족하고 열악한 일자리는 점점 늘어나는 상황이죠. 코로나19 사태 이후 실업 문제는 더욱 심각해졌습니다. 이 같은 상황에서 일해서 먹고살라는 말은 현실과 동떨어지게 들릴 수밖에 없어요. 게다가 미래에는 인간의 일자리가 줄어들어 일하고 싶어도 할 수 없는 사람이 더욱 늘어날 테고요.

하지만 이러한 현실을 인정한다고 하더라도 일하지 않는 사람에게 기본소득을 지급하는 데 대한 정당성 문제는 여전히 남아 있어요. 이에 대해 기본소득 도입을 지지하는 이들은 '공유 자산'의 개념에서 기본소득의 정당성을 찾습니다. 대표적인 예가 알래스카주의 영구 기금 배당금이에요. 앞서 말했듯이 이 정책은 석유가 알래스카 주민 모두의 공유 자산이라는 인식을 바탕으로 하고 있어요. 우리나라에는 알래스카주의 유전 같은 공유 자산이 없어서 기본소득 재원을 마련할 수 없다고요? 사실 공유 자산 개념은 매우 넓게 적용될 수 있어요.

앞서 말했듯이 공유 자산에 기초해 기본소득을 지급하자는 제안은 매우 오래전부터 시작되었어요. 1797년 토머스 페인은 『토지 정의』에서 자연 상태의 지구는 우리가 태어날 때부터 부여받은 공동 자산이기 때문에 모든 사람은 토지에 대해 일정한 권리를 가지며, 그에 따른 소득을 받아야 한다고 말했어요. 1935년 조지 콜도 '사회 배당'이라는 개념을 통해 현재의 생산력은 사회적 유산으로 인한 공동의 결과이므로

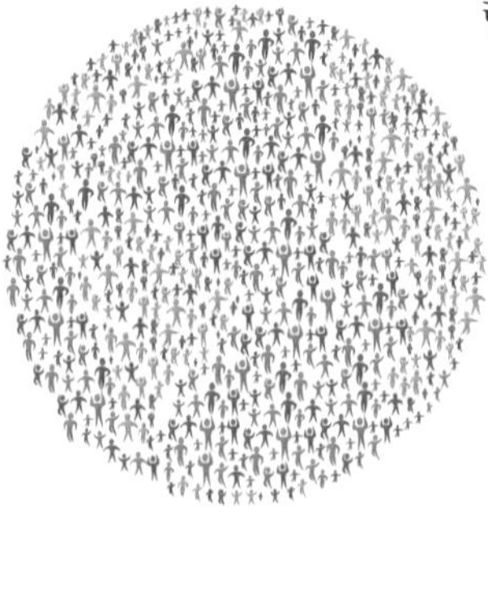

모든 시민이 공동 유산의 수익을 공유해야 한다고 주장했죠.

이러한 공유 자산의 의미를 4차 산업 혁명 시대에 적용해 보면 어떨까요? 구글이나 페이스북은 우리가 스마트폰과 PC 등을 사용하는 과정에서 수많은 자료를 수집하고 축적한 뒤, 그 빅데이터를 이용해 창출된 지식과 정보를 통해 어마어마한 경제적 이익을 얻고 있어요.

그 빅데이터를 만들어 낸 것은 바로 우리 모두이지 않나요? 다시 말해 빅데이터는 개별 기업의 소유가 아니라 우리 모두의 공유 자산이며, 빅데이터를 활용하는 기술의 발전도 과거에서부터 축적된 지식과 정보를 기초로 이루어진 셈이니 그 이익을 모두에게 나누는 것이 당연하다고 생각할 수 있죠.

기본소득의 가장 큰 문제,
그 돈을 어디에서 마련할까?

사람들이 기본소득에 쉽게 찬성하지 못하는 이유는 여기에 어마어마한 돈이 들기 때문이에요. 기본소득 반대론자들은 기본소득을 지급하려면 세금을 많이 걷을 수밖에 없다고 우려합니다. 현재 우리나라는 1인당 기본소득을 매달 최저 생계비 수준으로 지급해도 그 액수가 국가 재정 수준을 넘어선다는 것이죠. 이러한 상황에서 부족한 재원을 보충할 방법은 증세 또는 새로운 세금 제도를 만드는 것뿐인데, 이는 국민의 반발을 일으킬 테니 어렵다는 거예요.

이에 관해 기본소득 옹호론자들은 기존의 복지 관리 비용을 줄이고, 조세 제도를 정비하고, 데이터세나 로봇세 등 공유 자산에 대한 배당 개념이 포함된 새로운 재원을 마련하면 된다고 반박해요. 예를 들어 2017년 마이크로소프트(Microsoft) 창업자인 빌 게이츠(Bill Gates)는 사람이 일하고 얻은 수입에 세금을 부과하듯이, 로봇의 노동에 대해서도 세금을 부과해야 한다고 주장했어요. 로봇세를 통해 로봇 때문에 일자리를 잃은 노동자들이 다른 일자리를 찾을 수 있도록 재교육하거나 기본소득을 지급하고, 로봇으로 대체할 수 없는 아동 교육이나 노인 돌봄 등에 재정을 지원해 임금을 높여야 한다는 거예요.

미국과 캐나다에서 활동하는 시민 단체인 기후 변화 시민 로비단(Citizens' Climate Lobby)은 기후 변화의 원인이 되는 온실가스 배출에 부담금을 부과하고, 그 돈을 시민들에게 100퍼센트 배당금 형태로 지급하자고 제안해요. 탄소 부담금 제도를 시행하면 기업의 온실가스 배출량을 줄일 수 있는 대신 물가가 올라 가계에 부담이 되기 때문에 부담금을 시민들에게

기본소득은 일자리를 구하는 청년들이 생계유지의 어려움 없이 미래를 계획할 수 있도록 하는 대안으로도 언급되고 있다.

기본소득으로 나누어 주자는 거예요. 환경도 살리면서 기본소득도 지급하는 일석이조의 정책인 셈이죠.

우리나라 경기도의 청년 기본소득이나 서울시의 청년 수당처럼 젊은 세대가 현실에 좌절하지 않고 구직 활동을 하며 사회적 기본권을 보장받도록 지원하려는 움직임도 있어요. 이렇듯 다양한 대안을 통해 기본소득 논의는 점점 힘을 얻고 있습니다.

최근 우리 사회는 코로나19 사태가 장기화되면서 경제가 침체하고 가계 소득이 감소하며, 특히 사회적 취약 계층이 큰 위기를 겪고 있어요. 사회적 거리 두기와 비대면 상황이 계속되면서 기업들은 인공 지능 로봇을 활용해 인간의 일자리를 대체하려는 시도를 서두르고 있기도 하죠.

이러한 사회 변화로 인해 기본소득을 비롯한 다양한 사회 안전망에 대한 논의는 앞으로 더욱 활성화될 것으로 보입니다. 즉 기본소득에 찬성하든 반대하든, 포스트 코로나 시대에 기본소득에 대한 논의는 피할 수 없는 문제라는 것이죠.

놓치지 마요

기본소득 핫&이슈 ▼

빈곤과 범죄의 도시, 기본소득으로 변화될까?

미국 캘리포니아주 스톡턴시는 2019년 2월부터 18개월간 무작위로 선택된 125명에게 매달 500달러(약 55만 원)를 현금으로 지급하는 '시드(SEED) 프로그램'을 시행했다. 수급자들은 지급된 돈으로 음식과 생필품을 마련하고, 더 나은 일자리를 구하고 있는 것으로 알려졌다. 실험 결과는 2021년에 발표될 예정이다.

스페인, 남부 유럽 최초로 빈곤층의 최저 소득을 보장하다

코로나19 사태로 위기에 처한 스페인은 남부 유럽 국가 중 최초로 2020년 6월부터 빈곤층 약 230만 명에게 최저 소득을 보장하기 위한 기본소득을 지급하기 시작했다. 지급액은 462~1015유로(약 62만~136만 원)다. 코로나19 사태로 신청자가 급증하면서 혼란을 겪고 있지만, 이 정책이 어떤 효과를 가져올지 기대해 볼 만하다.

세계에서 가장 큰 기본소득 캠페인

2020년 9월 25일, 27개 유럽 연합(EU) 회원국에서 '무조건적인 기본소득' 도입을 위한 지지 서명 운동이 시작되었다. 국제 활동가 네트워크(UBIE)와 유럽 시민 이니셔티브(ECI)에 의해 시작된 이 캠페인은 1년간 진행되며, 모든 유럽 연합 회원국의 무조건적인 기본소득 도입을 목표로 한다. 1년 동안 최소 100만 건의 지지 서명을 받고, 7개 이상의 유럽 연합 국가에서 서명 할당량을 초과하면, 유럽집행위원회(EC)는 이 제안을 실행하기 위한 작업을 시작해야만 한다.

기본소득 토론

기본소득은 우리의 삶을 풍요롭게 할까?

○ 찬성 ○

1. 기본소득이 실질적 자유와 인간다운 삶을 보장해 줄 것이다

인간의 일자리가 로봇과 기계로 대체되는 4차 산업 혁명 시대에 기본소득이 제공되면, 새로운 지식과 기술을 배우고 잠재력을 계발할 기회를 얻고 각자 원하는 일자리를 찾을 수 있는 자유를 보장받을 것이다.

2. 기본소득으로 사회 보장 제도의 한계를 보완할 수 있다

택배 노동자처럼 사회 보장 제도로 보호받지 못하는 특수한 일자리가 늘어나고 있고, 앞으로는 일자리 자체가 줄어들 전망이다. 이러한 상황에서 기본소득은 기존의 고용 중심 사회 보장 제도로는 해결하기 어려운 복지 사각지대 문제의 해답이 되어 줄 것이다.

3. 기본소득은 노동으로부터의 자유를 줄 것이다

우리는 노동을 통해 재화와 서비스를 생산하지만 미래 사회에서는 자동화 시스템이 이를 대신할 것이다. 이때 기본소득이 도입되면, 사람들은 생계유지를 위해 하기 싫은 노동을 할 필요 없이 삶의 목적과 가치를 찾는 일에 집중할 수 있다.

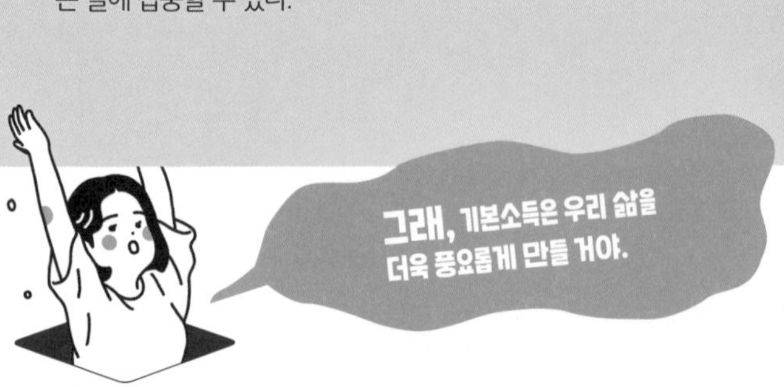

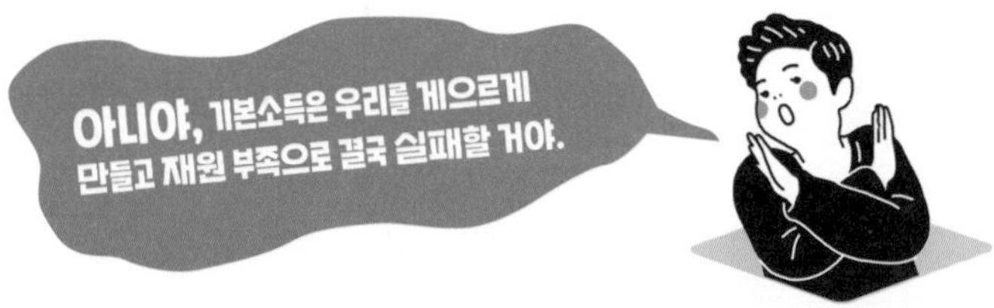

✖ 반대 ✖

1. 기본소득으로 인한 대규모 증세가 불가피할 것이다

기본소득이 지속적으로 지급되려면 대규모 증세가 불가피하다. 최근 데이터세, 로봇세, 탄소세 등의 논의가 이루어지고 있는데, 국민과의 합의가 이루어지지 않은 상황에서 증세는 큰 반발을 가져올 것이며 이는 사회적 불안과 갈등의 원인이 될 것이다.

2. 기본소득은 현행 사회 보장 제도를 축소할 것이다

기본소득 재원을 마련하기 위해서는 기존의 취약 계층을 위한 사회 보장 제도가 축소되거나 대체될 수밖에 없다. 예산이 한정된 상황에서 모두에게 적은 액수를 지급하는 것보다는 도움이 꼭 필요한 사람들에게 충분한 지원금을 보장하는 것이 더 적절하다.

3. 기본소득은 노동 의지를 떨어뜨릴 것이다

모두에게 기본소득을 지급하면 노동하고자 하는 의지가 줄어들어 기본소득만으로 살아가는 사람이 늘어날 것이다. 또 노력 없이 얻은 소득을 음주나 도박 등으로 탕진할 가능성이 크고, 오히려 사람들의 일탈 행위가 늘어날 수 있다.

2

공유경제

생각 열기 툰

나중에 좋은 옷 입고 좋은 차 끌고 좋은 집에서 살려면 열심히, 알지?
빌려 쓰고 나눠 쓰면 되죠.
그걸 다 뭐 하러 사요?
무소유? 스님들도 잘 못 하더라. 이왕이면 내 걸 가져야지.

이제 소유의 시대가 가고
공유의 시대가 오고 있어요.
우리 모두 시대의 변화에
적응해야죠.
오이 마켓이다!
나눔 한 물건
받으러 갈 시간이네.
와, 이미 적응을 마치셨네요.

나누고 빌리고 협력한다는 것

남는 방을 누군가에게 빌려주고
일정한 수익을 올릴 수 있다면?

2007년 10월, 미국 샌프란시스코의 작은 아파트에는 대학 졸업 후 창업을 꿈꾸던 두 청년이 함께 살고 있었습니다. 두 사람은 비싼 월세를 감당할 수 없어 쫓겨날 위기에 처해 있었죠. 그즈음 국제 디자인 콘퍼런스 행사가 열렸는데, 시내 숙소가 꽉 차서 많은 참가자가 발을 동동 구르고 있다는 소식이 들려왔어요. 샌프란시스코에서는 매년 수많은 전시회와 박람회가 개최되어 성수기만 되면 숙소를 구하기 어려울 만큼 숙박 시설이 부족했거든요.

이 소식을 들은 두 사람은 한 가지 아이디어를 떠올렸습니

다. 바로 거실을 여행객에게 빌려주고 숙박비를 받아 집세로 내자는 것이었죠. 그들은 곧바로 거실 한쪽에 간이침대를 마련한 뒤, 지역 온라인 커뮤니티에 침대와 조식을 제공한다는 숙박 공고를 올렸어요. 며칠 후 행사 참가자 세 명이 이 집 거실에서 묵었고, 두 사람은 일주일 만에 벌어들인 1000달러로 월세를 낼 수 있었습니다.

'남는 방을 누군가에게 빌려주고 일정한 수익을 올릴 수 있다면?' 두 청년 브라이언 체스키(Brian Chesky)와 조 게비아(Joseph Gebbia)는 이 방법이 훌륭한 사업 모델이 될 수 있다

유니콘
기업 가치가 10억 달러(1조 원) 이상인 스타트업 기업을 전설 속 동물인 유니콘에 비유해 부르는 말이다.

는 것을 직감했고, 여행지에서 숙소를 구하는 여행객들과 빈방을 빌려주기 원하는 집주인들을 연결해 주는 웹 사이트를 만들었어요.

이렇게 해서 탄생한 것이 바로 숙박 공유 서비스 에어비앤비(Airbnb)예요. 2008년 8월에 시작한 에어비앤비는 2020년에 이르러 전 세계에서 대표적인 유니콘 기업으로 성장했습니다. 그리고 승차 공유 업체 우버(Uber)와 함께 '소유'가 아니라 '공유'를 중심으로 하는 새로운 경제 모델, 흔히 말하는 '공유경제(sharing economy)'의 대표 주자가 되었죠.

그런데 남는 방을 누군가에게 돈을 받고 빌려주는 것이 그렇게 깜짝 놀랄 만큼 새로운 아이디어일까요? 생각해 보면 우리에게도 하숙이나 민박처럼 남는 방을 빌려주는 숙박 문화가 이미 오래전부터 있었어요. 실제로 체스키가 에어비앤비 사업을 가족에게 처음 설명했을 때 그의 할아버지는 "괜찮은 생각이구나. 내가 어렸을 때도 그렇게 여행하곤 했단다."라며 반겼다고 해요. 체스키의 할아버지가 젊었던 시절에는 낯선 집의 문을 두드려 헛간이나 방을 빌려 자면서 여행하는 일이

흔했던 것이죠. 특별히 미국이라서 이런 개방적인 문화가 있었던 것은 아니에요. 조선 시대를 배경으로 한 사극에서도 길 가는 나그네에게 하룻밤 묵을 방을 내어 주는 장면을 흔히 볼 수 있으니까요. 이 외에도 쓰던 물건을 물려주거나 품앗이 형태로 노동력을 공유하던 문화는 과거에도 존재했어요.

그런데 우리는 왜 다른 사람들과 물건을 공유하게 된 것일까요?

왜 우리는 남는 방을 나눠 쓰고 자동차를 빌려 쓰게 된 걸까?

어린 시절에 커서 돈을 벌면 가장 먼저 무엇을 사고 싶었는지 떠올려 보세요. 흔히들 멋진 옷이나 좋은 집, 그리고 자동차를 원했을 거예요. 많은 사람에게 자동차는 가장 소유하고 싶은 자산 중 하나였어요.

그래서였을까요? 차량 공유 서비스를 제공하는 집카(Zipcar)의 공동 창업자 로빈 체이스(Robin Chase)가 1999년 처음 차량을 공유하는 아이디어를 떠올렸을 때, 투자자와 비즈니스 전문가들의 반응은 부정적이었어요. 그들은 미국인들이 자동차를 단순히 사용만 하는 게 아니라 자신의 신분을 드러

낼 수 있도록 소유하고 싶어 한다고 생각했으니까요.

어디 자동차만 그런가요? 이제는 어느 집에서나 찾아볼 수 있는 텔레비전, 냉장고, 세탁기만 해도 1970~80년대에는 소유한 사람의 사회적 · 경제적 지위를 드러내는 상징이었어요. 그러한 사회 분위기 속에서 물건을 공유하거나 빌려 쓰려고 하는 사람은 얼마 없었겠죠.

하지만 후기 산업 사회로 들어서면서 한정된 자원이 인간의 욕망과 수요를 따라오지 못하자 공유 문화가 다시 활발해지기 시작했어요. 인터넷 기술의 발달도 여기에 큰 몫을 했죠.

이러한 배경 속에서 서서히 성장하던 공유경제가 폭발적으로 확대될 수 있었던 결정적 계기는 2008년 세계 금융 위기였습니다. 2007년 미국의 서브프라임 모기지 사태에서 시작된 경제 위기로 인해 전 세계는 장기적인 불황의 늪에 빠졌어요. 많은 기업이 도산하고 실업자가 늘어나는 위기 상황에서 사람들은 자신에게 필요 없는 물건이나 빈방, 자동차 등을 다른 사람과 나눠 쓰거나 팔기 시작했죠. 성장의 정점을 지나고 위기를 겪으면서 공유경제가 가진

서브프라임 모기지 사태

2007년 신용 등급이 낮은 저소득층에게 주택 자금을 빌려주는 미국의 비우량 주택 담보 대출이 부실화되어 대형 대부업체들이 파산하면서 미국을 포함해 전 세계 금융 시장에 큰 파장을 일으킨 경제 위기 사태다.

소유의 욕망을 타깃으로 한 1960년대 자동차 광고와 공유의 확장성에 집중한 오늘날 집카의 모습.

가치에 주목하게 된 거예요.

자동차 이야기로 돌아가 생각해 봅시다. 사람들은 그동안 왜 자동차를 사려고 했을까요? 어떤 사람들은 실용적인 이유로 차를 사죠. 대중교통은 불편하고 택시는 필요할 때 잘 안 잡히다 보니, 원하는 때 원하는 곳에 편리하게 가기 위해 차를 구매하는 거예요. 또 어떤 사람들은 자신의 개성과 사회적 지위를 표현하는 수단으로 차를 사기도 해요.

두 번째 유형은 끝까지 자동차를 구매하는 사람으로 남을 가능성이 크지만, 첫 번째 유형은 더 편리하고 효율적인 교통수단이 등장한다면 차를 사지 않을지도 모릅니다. 사실 차를 소유하는 것은 생활에 편리하고 만족감을 주는 반면에 관리비나 보험료, 주유비 등 만만찮은 비용이 들 뿐만 아니라 사고 위험, 주차 문제 등 여러 가지 부담이 뒤따르니까요. 게다가 시간이 지날수록 자동차는 낡고 조금씩 고장 나기 마련이에요.

그런데 언제 어디서든 자신이 원하는 곳에 가기 위해 택시를 손쉽게 부를 수 있거나 깨끗하고 새로운 자동차를 빌려 쓸 수 있다면 어떨까요? 당장 차를 살 수 있을 만큼 수중에 큰돈이 없다면요? 실용적인 이유로 차를 소유하려 했던 사람들은 차를 사기보다는 빌려 쓰는 쪽을 택하겠죠.

빌려주고 나눠 쓰기만 하면 무조건 공유경제일까?

그렇다면 우리 사회는 다시 전통적인 공유의 형태로 되돌아간 것일까요? 그렇지 않다면 과거의 공유와 오늘날의 공유는 어떻게 다를까요?

오래전 브라이언 체스키의 할아버지나 조선 시대의 나그네가 숙박할 곳을 구하기 위해서는 어떻게 해야 했을까요? 아마 집마다 돌아다니며 문을 두드리고 빈방이 있는지 물어보았겠죠. 운 좋게 처음 방문한 집에 빈방이 있다면 다행이었겠지만, 그렇지 않다면 꽤 오랜 시간 발품을 팔며 고생했을 테고요.

시간이 흐르면서 통신 기술이 발달해 전화로 숙박이 가능한지 문의하거나 개인 홈페이지, 블로그에 올라온 숙박 정보를 활용하는 방법이 생겨났어요. 하지만 실제 길거리를 돌아다니지 않을 뿐 인터넷상의 정보를 찾아 이리저리 헤매는 것은 과거와 마찬가지였죠. 집주인은 인터넷 여기저기에 숙박 정보를 올려야 했고, 숙소를 구하는 사람 역시 같은 방식으로 정보를 수집해야 했기 때문에 숙박 공급자와 수요자 모두에게 쉽지 않은 일이었어요.

그러나 이제 에어비앤비라는 숙박 공유 플랫폼 애플리케이션만 깔면, 클릭 한 번으로 원하는 때에 원하는 방을, 그것도 전 세계 어디에서나 손쉽게 구할 수 있어요. 이렇게 오늘날의 공유 방식은 과거의 그것과는 분명히 달라요.

그렇다면 오늘날 우리가 '공유경제'라고 부르는 것은 도대체 무엇일까요? 사실 공유경제가 무엇인지에 대해 명확하게 합의된 정의는 없습니다. 그래서 우버나 에어비앤비를 공유경제로 보는 것이 맞느냐는 논란도 있죠. '공유경제'라는 용어는 1984년 하버드 대학교 교수 마틴 와이츠먼(Martin Weitzman)의 논문에서 처음 쓰였어요. 하지만 당시에는 극심한 경기 침체로 인한 실업 문제를 해결하기 위해 기업 수익을 공유한다는 의미로 사용되었기 때문에 지금 우리가 사용하는 공유경제의 의미와는 거리가 멀었어요.

디지털을 기반으로 한 공유경제가 본격적으로 언급되기 시작한 것은 2000년대 이후로, 2008년 하버드 대학교 교수 로런스 레시그(Lawrence Lessig)가 '상업 경제'에 대비되는 것으로 제시한 공유경제의 개념을 그 출발점으로 보고 있습니다. 레시그는 공유경제를 "돈을 주고받지 않고 인간관계나 타인을 배려할 때 느끼는 만족감을 목적으로 재화와 서비스를 교환하는 경제 방식"이라고 정의했어요. 그리고 이를 상업 경제가 일으키는 과잉 생산과 과소비, 그로 인한 자원 낭비와 환경 오염 문제를 해결할 수 있는 대안으로 바라보았죠.

레시그는 공유경제를 누구나 아무런 대가 없이 인터넷 사이트를 통해 지식과 정보를 함께 만들어 내는 위키피디아(Wikipedia)처럼 "금전적 보상을 목적으로 하지 않고 콘텐츠 자체에 대한 기여로 작동"하는 것으로 정의하기도 했어요. 이러한 정의에 따른다면, 수익 창출을 목표로 하는 우버나 에어비앤비는 공유경제로 보기 어렵죠.

오늘날의 공유경제 개념은 레시그가 제시한 초기 모델과는 달리 상업적 성격을 띠는 쪽으로 변화해 왔어요. 이제 공유경제라고 하면, 금전적 대가 없이 이루어지는 교환이나 협력을 넘어 자신이 소유한 물건이나 자산, 노동력 중에서 사용하지 않는 것을 타인에게 빌려주면서 경제적 효용을 얻는 경제 활동을 떠올리게 되었어요.

전통적 공유와 오늘날의 공유를 구별 짓는 가장 결정적인 차이점은 바로 '네트워크에 기반한 플랫폼'이에요. 과거에는 인터넷이나 스마트 기기를 활용한 광범위한 네트워크가 불가능했기 때문에 공유의 대상이 주변 지인들 정도로 한정되었지만, 지금은 플랫폼을 통해 전 세계인과 연결될 수 있죠. 훨씬 더 많은 사람이 자신에게 필요한 재화나 서비스에 쉽게 접근하고, 남는 자원을 다른 사람들에게 더욱 편리하게 제공할 수 있게 되었어요. 그 결과 우리는 다양한 이익을 얻고 있습니다.

노는 시간과 공간, 물건을 나누고 새로운 가치를 만들어 내는 일

비싼 돈을 주고 산 자동차가 하루 20시간 이상 주차장에서 놀고만 있다면 어떨까요? 차량 공유 업체 중 하나인 겟어라운드(Getaround)의 조사 결과에 따르면, 미국에는 2억 5000만 대의 자동차가 하루 평균 22시간씩 놀고 있다고 해요. 연평균 유지비는 8000달러가 넘는데 말이에요. 반면에 같은 도시에 사는 누군가는 당장 탈 자동차가 부족한 상태죠. 이때 내가 사용하지 않는 시간에 필요한 사람에게 자동차를 빌려줄 수 있다면 서로에게 이익이 되지 않을까요? 이처럼 공유경제는 개별 구성원이 가진 시간, 공간, 물품 자원을 공유함으로써 쓰지 않는 자원의 사용률을 높이고 새로운 가치를 만들어 내요.

하지만 공유를 통해 얻는 이익이 꼭 돈을 의미하는 것만은 아니에요. 에어비앤비가 상업화되었다고는 하지만, 호텔과 같은 전통적 숙박업소에 비하면 다른 사람들과 시간, 장소, 경험을 공유할 수 있다는 점에서 사회적 교류라는 이익도 함께 얻게 되니까요. 공유 주방이나 공유 식탁처럼 공유경제는 다른 사람들을 사귀는 데서 오는 즐거움과 자신의 것을 나누는 데서 오는 만족감 등 초기의 공유 모델이 가졌던 사회적 가치를 여전히 간직하고 있어요.

게다가 기업에는 새로운 일자리나 사업 분야를 개척할 기회를 주고, 과소비나 자원 낭비를 줄여 주기 때문에 사회 전체적으로도 이익이 될 수 있죠.

다른 한편으로 공유경제는 사람들에게 다양성을 누릴 기회를 제공하기도 합니다. 호텔과 에어비앤비 숙소를 한번 비교해 볼까요? 전형적인 호텔은 구비된 물품이나 침대 유형, 제공되는 서비스가 비슷해요. 방 크기도 싱글 룸, 트윈 룸, 트리플 룸 중에서 하나를 선택해야 하죠. 하지만 에어비앤비에서는 방 하나가 아니라 집 한 채를 통째로 빌릴 수도 있고, 최고급 호텔에서부터 그 나라의 전통 가옥까지 훨씬 더 다양한 형태의 숙소와 가격, 편의 시설을 선택할 수 있어요. 여행자들을 위한 숙박 플랫폼인 카우치서핑(Couchsurfing)의 사용자들

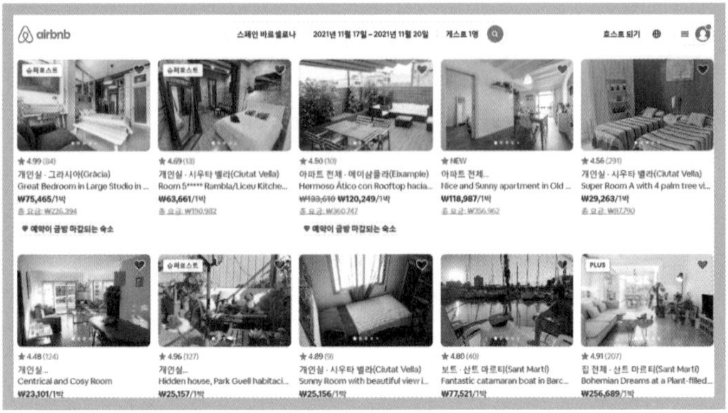

전형적인 호텔보다 선택지가 훨씬 더 다양한 에어비앤비의 홈페이지 화면.

은 여행자에게 소파나 침상을 무료로 제공하기도 하죠. 이렇게 다양한 선택지가 있다는 것은 곧, 사람들의 기호나 필요를 더욱 잘 충족시킬 수 있다는 사실을 의미해요.

다양한 선택지를 제공하거나 고를 수 있는 것 역시 광범위한 네트워크로 인해 접근성이 높아졌기에 가능한 일이에요. 공유경제의 세계에서는 일부 기업이나 사업자만이 제공하던 재화나 서비스를 무수히 많은 개인이 다양한 범위에서 제공할 수 있으니까요.

뉴욕 대학교 교수 아룬 순다라라잔(Arun Sundararajan)은 공유경제가 많은 사람에게 자본 소유자가 될 기회를 평등하게 제공함으로써 '기회의 민주화'에 기여한다고 주장합니다. 물려받은 땅이나 돈도 없고, 월급도 많지 않은 보통 사람들이 어떻게 자본을 소유하고 수익을 낼 수 있냐고요? 공유 주방이나 공유 오피스, 크라우드 펀딩을 떠올리면 이해하기 쉬워요.

좋은 아이디어를 가지고 있어도 선뜻 창업하기 힘든 이유는 초기 비용이 많이 필요하기 때문이에요. 요리 솜씨가 있어도 식당을 열 만한 충분한 공간을 얻기가 쉽지 않죠. 하지만 최근 확대되는 공유 주방은 여러 사업자가 함께 이용하며 임대료나 인테리어 비용, 각종 도구와 재료 구매에 드는 비용을 아낄 수 있어서 창업을 준비하는 사람들에게 좋은 기회를 제공해요.

사업 자금이 필요한 사람이 온라인 플랫폼을 통해 불특정한 다수에게서 자금을 모으는 크라우드 펀딩은 어떤가요? 적은 돈을 가진 사람들도 투자할 수 있고, 신생 벤처 기업도 투자 자금을 모을 수 있는 길이 열리므로 더 많은 사람에게 기회가 주어지는 셈이죠. 또 크라우드 펀딩은 투자만이 아니라 구매를 통한 기부나 후원의 형태로도 이루어질 수 있기 때문에 상업성 외에 사회적 가치나 협력의 차원에서도 의미가 있습니다.

우버겟돈의 시대,
찌꺼기 공유경제의 부작용

2019년 6월, 멕시코의 택시 기사들은 수도인 멕시코시티 광장에 모여 승차 공유 서비스에 반대하는 집회를 열었습니다. 2018년 여름에는 스페인 택시 기사들이 우버와의 경쟁이 불공정하다며 마드리드와 바르셀로나 등지에서 시위에 나서기도 했죠. 호주에서는 2019년 택시 기사와 렌터카 사업자 6000명이 우버의 불법 영업으로 손해를 입었다며 호주 역사상 최대 규모의 집단 소송을 제기했어요.

앞서 살펴보았듯이 공유경제가 그렇게 많은 개인적 · 사회적 이익을 가져다준다면, 공유경제의 대표 격인 승차 공유 업체 우버는 왜 전 세계적인 반대에 부딪혔을까요?

온라인 네트워크를 기반으로 한 공유경제는 전통적으로 해당 산업에 종사하고 있던 사람들과 이해관계가 충돌할 가능성이 커요. 우버를 예로 든다면 택시 기사들이 여기에 해당하죠. 소비자로서는 편리하고 쉽게 차량을 이용할 수 있는 이점이 생겼지만, 해당 서비스를 공급하던 사람들은 갑자기 알 수 없는 수많은 사람과 경쟁해야 하는 상황이 위협적으로 느껴질 수 있어요. 게다가 기존 사업체는 정부의 관리와 규제 아래 있는 반면에, 공유경제 시스템에서 프리랜서처럼 활동하는 개인들은 별도의 규제를 받지 않기 때문에 경쟁이 공정하지 않다는 비판의 목소리도 큽니다. 자격증 시험이 어렵기로 소문난 영국 택시 블랙 캡(Black Cab)의 기사들처럼 오랜 시간을 준비해서 사업에 진출한 사람들로서는 화나는 일이죠.

이렇게 전 세계적으로 정부, 기존 사업자, 공유경제 기업 간에 갈등이 폭발하고 사회적 혼란이 커지는 현상을 우버(Uber)와 전쟁터를 뜻하는 아마겟돈(Armageddon)을 합성해 '우버겟돈(Ubergeddon)'이라고 부르기도 해요. 우버, 리프트(Lyft) 등 차량 관련 업체에 대한 논란이 대표적이지만, 이는 공유경제 전반이 겪는 문제라 할 수 있습니다.

그런데 다른 한편에서는 택시 기사들이 아니라 우버 운전자들이 문제를 제기하고 나섰어요. 뉴욕과 런던의 우버 운전자들은 노동조합을 조직하려 했고, 2019년 5월에는 미국, 영국, 호주 등지에서 우버와 리프트 운전자들이 글로벌 동맹 파업에 나서기도 했어요. 영국에서는 운전자들이 고객과의 연결 채널인 애플리케이션을 꺼 버리는 방식으로 항의 시위를 벌였죠. 아니, 남는 시간에 자유롭게 노는 차를 운전해서 부가 수익을 올릴 수 있는데 무엇이 불만인 걸까요?

> 고객과 근로자(서비스 제공자)는 온라인상에서 만난다. 근로자는 신뢰와 품질 수준에 따라 등급이 매겨진다. 결국은 근로자와 고객 당사자 간의 거래 관계다. 그런데 플랫폼 운영 소프트웨어를 소유한 기업이 큰돈을 가져가고 정작 열심히 일한 근로자는 푼돈을 가져간다. 이게 무슨 공유경제 구조인가. 공유경제의 허울을 쓴 '찌꺼기 공유경제'일 뿐이다.•

캘리포니아 대학교 교수이자 미국의 노동부 장관을 지낸 로버트 라이시(Robert Reich)가 쏟아 낸 공유경제에 대한 격렬한 비판 속에서 그 답을 찾을 수 있습니다. 라이시는 개인과 개인 간의 교환을 매개하는 플랫폼의 힘에 주목해요. 네트워크를 바탕으로 한 정보의 공유와 수요 · 공급을 원활히 맞추는 데 있어 플랫폼의 필요성을 전적으로 부인하기는 어렵죠. 하지만 플랫폼 업체가 어느 정도의 권한을 가지고 얼마나 많은 수익을 가져가느냐의 문제가 남아요.

라이시는 우버나 리프트를 진정한 의미의 공유경제가 아니

우버 반대 시위를 벌이는 택시 기사들과 "우버는 운전자들에게 최저 생활 임금을 지불하라."라는 팻말을 든 우버 운전자의 모습.

라 '긱 경제(gig economy)'로 분류하고 이와 같은 고용이 확대되면 노동자들의 기본적인 삶이 무너질 수 있다고 보았어요. IT 기술의 발달로 플랫폼 안에서 서로 필요한 일자리를 찾아 단기 계약을 맺는 방식이 가능해지면서 노동자들이 보험이나 유급 병가, 최저 임금 등의 기본적인 권리를 보장받기 어려워졌기 때문이에요.

긱 경제
하룻밤 공연에 필요한 연주자를 찾아 계약을 맺은 데서 비롯된 말로, 고용주와 노동자가 서로 필요할 때마다 임시로 고용 계약(비정규직)을 맺는 형태를 이르는 말이다.

이와 관련해 2019년 9월, 미국 캘리포니아주에서는 '어셈블리 빌 5' 법안을 통과시켜 플랫폼 노동자도 독립 계약자(개인 사업자)가 아니라 '피고용인'으로 분류해야 한다는 결정을 내렸어요. 프랑스는 그보다 앞선 2016년에 유럽 연합 회원국 최초로 플랫폼 노동자의 노동 3권을 보장하기도 했고요. 독일과 영국에서도 플랫폼 노동자의 고용과 지위를 보장하는 방안을 마련하고 있어요.

공유경제의 핵심이라 할 수 있는 '신뢰'의 문제도 제기되고 있습니다. 2018년 미국에서는 1년간의 우버 운행 중 약 3000건의 성범죄가 일어났다는 보고서가 발표됐

노동 3권
노동자가 헌법상의 기본권으로 가지는 세 가지 권리로, 단결권, 단체 교섭권, 단체 행동권이 있다.

어요. 또 어느 에어비앤비 숙소에서는 총격 사건이 일어나 사망자와 부상자가 발생했고요. 누구나 손쉽게 재화와 서비스를 제공할 수 있다는 공유경제의 장점이 언제든 '검증되지 않고 믿을 수 없는 낯선 사람에 대한 두려움'으로 변할 수 있음을 보여 주죠.

특히 무언가에 대한 소유는 '소유권'의 이름으로 많은 것을 보장받는 데 비해 '공유의 권리'라는 것은 없어서 사고가 생겼을 때 이에 대해 배상받거나 해결이 어렵다는 문제가 있어요. 우리나라에서는 음식 배달 플랫폼들이 이런 문제에 휩싸이기도 했어요. 누구나 자유롭게 배달 아르바이트를 할 수 있도록 시간제 배달 근무를 도입했지만, 정작 배달 과정에서 발생하는 사고에 대한 책임은 제대로 지지 않았던 거죠. 그러자 2020년 6월, 공정 거래 위원회는 소비자와 직접 거래하지 않는 플랫폼이더라도 거래 과정에서 고의나 과실로 인해 손해가 발생한 경우 합당한 책임을 져야 한다고 결정했어요.

이처럼 개인과 개인을 연결하는 플랫폼이 어느 정도의 역할을 하고, 이익을 얻고, 책임을 져야 할 것인지는 공유경제가 확대되는 과정에서 사회적 합의가 필요해 보입니다.

공유경제는 어떻게
대안적 경제가 될 수 있을까?

기존 업체와의 갈등, 불안정한 고용과 노동자의 지위, 신뢰와 책임의 문제가 심각해질수록 과연 현재와 같은 공유경제가 살아남을 수 있을지 의문이 듭니다. 특히 2020년에 갑자기 등장한 코로나19 사태가 장기화되면서 사람들은 누가 언제 사용했는지 모를 물건이나 장소를 공유하는 것을 더욱 꺼리게 되었죠. 에어비앤비나 렌털 서비스의 이용률도 급속도로 낮아졌고요. 공유경제는 이대로 사라지는 것일까요? 아니, 사라져야만 할까요?

상업성이 더해진 현재의 공유경제가 가진 문제점이 많긴 하지만, 공유경제가 가진 협력, 연대와 같은 사회적 가치는 여전히 의미가 있습니다. 게다가 자원이 고갈되고 환경 문제가 심각해지는 오늘날, 재화와 서비스를 효율적으로 사용하고 자원을 절약하게 해 준다는 점에서 공유는 어느 정도 필연적인 선택이기도 해요. 그렇다면 앞서 말한 문제들을 어떻게 해결해야 할까요? 성공적으로 공유경제를 실현하고 있는 공유 기업들의 사례에서 그 답을 찾아볼 수 있어요.

'동남아시아의 우버'라고 불리며 차량 호출 서비스 시장의

74퍼센트 이상을 장악하고 있는 싱가포르 기업 그랩(Grab)은 동남아시아 전역에서 성공을 거두었습니다. 택시 호출 서비스를 첫 사업으로 시작했던 그랩은 택시 기사들을 일일이 찾아다니며 서비스에 대해 설명하고 함께하자고 설득했어요. 그 결과 처음에는 동참할 의지가 없던 택시 업계와 파트너 관계를 맺을 수 있었죠. 지금은 그랩 운전자에게 사고 보험 비용을 지급하거나 소액 대출을 해 주는 등 복지도 세심히 신경 쓰고 있어요. 이와 더불어 동남아시아 국가 정부의 지원, 동남아시아의 교통 및 도로 상황을 고려한 철저한 현지화 전략도 성공 요인이 되었어요. 무엇보다 정부나 기존 업계와 한 팀이 되기로 한 것이 결정적이었던 셈이에요.

캐나다 퀘벡의 승차 공유 업체 에바(EVA)는 기사와 승객이 조합원으로 참여하는 협동조합형 플랫폼입니다. 에바 협동조합을 만든 다단 이수피(Dardan Isufi)와 라파엘 고드로(Raphael Gaudreault)는 2014년 우버의 문제점을 토론하다가 우버의 장점을 살리되, 민주적으로 운영되고 수익을 공정하게 분배하는 협동조합을 상상해 냈죠.

2019년 5월, 정식으로 영업을 시작한 에바는 공유경제의 사회적 가치를 이어 가고 있어요. 특히 공유경제를 통해 올린 수익이 외부로 빠져나가는 것이 아니라 지역 사회를 성장시키는 데 사용되고, 조합원의 노동권과 사회적 기본권을 보장한다는 점에서 긱 경제라고 비판받는 공유경제의 문제점을 해결할 수 있다는 가능성을 보여 주죠.

오늘날 공유경제가 위기에 처한 것은 우리 스스로 동료 시민과 같은 시간과 공간을 공유하며 함께 살아가야 한다는 사실을 잊어버렸기 때문 아닐까요? 그랩과 에바의 사례는 단순히 노는 자원을 통해 더 많은 수익을 내려는 것을 넘어서 사회의 다른 구성원들과 공존하고 협력하는 과정이 얼마나 중요한지를 보여 주고 있습니다.

놓치지 마요

공유경제 핫&이슈

'타다 금지법' 통과

2018년 시작된 국내 승차 공유 서비스 '타다(TADA)'는 기존 택시 업계와의 갈등이 커지면서 많은 논란을 낳았다. 2020년 국회에서 '타다 금지법'이 통과되어 사실상 서비스를 지속할 수 없게 되었다. 타다 금지법은 타다 등 차량 대여 사업자의 운전자 알선 규정을 엄격히 규정한 '여객 자동차 운수 사업법 개정안'을 일컫는 말로, 이에 대해서는 여전히 많은 찬반 논란이 있다.

비대면 소비의 증가, 공유경제의 위기일까?

코로나19 사태로 인해 에어비앤비와 같은 공유 숙박업은 위기를 맞았다. 이와 동시에 공유경제의 지속 가능성에 대한 비관적인 전망도 나오고 있다. 하지만 공유 주방이나 공유 오피스 수요는 오히려 더 늘어났다. 비대면이 화두로 떠오르면서 외식보다 배달 음식 수요가 늘어났고, 재택근무로 인해 생긴 업무 공백을 줄이고자 기업들이 본사의 주요 부서를 분산시켰기 때문이다.

소유와 공유경제를 넘어서 구독 경제로

넷플릭스, 왓챠 등 '구독 경제'가 급성장하고 있다. 구독 경제는 제품 판매가 아니라 제품을 통한 서비스 제공으로 안정적 · 반복적 수익을 내고 고객을 구매자에서 구독자로 전환하는 경제 환경을 만들어 낸다. 소비자들은 매달 구독료를 내고 필요한 물건이나 서비스를 정기적으로 제공받는다. 꽃, 책, 미술 작품 등 예술과 개인 취향까지 고려한 정기 배송 구독 서비스가 다양한 분야에서 발전하고 있다.

공 유 경 제 토 론

공유경제는 노동자의 삶의 질을 향상시킬 수 있을까?

○ 찬성 ○

1. 공유경제는 경제 성장과 일자리 확대를 가져온다

공유경제는 유휴 자산을 활용해 생산성을 극대화하므로 경제 성장을 가져온다. 그 결과 더 많은 일자리가 만들어지므로 노동자들의 임금이 내려갈 가능성은 작다. 계약직이 늘어나기도 하지만 프리랜서와 같이 노동자의 독립성이 보장되어 능력에 따라 더 많은 돈을 벌 수 있다.

2. 공유경제는 저임금 노동자에게 이익을 가져다준다

공유경제가 활성화되면 비싼 재화를 살 돈이 없는 소비자는 필요할 때마다 빌려 쓸 수 있고, 소유물을 쓰지 않을 때는 빌려줌으로써 비용을 줄일 수 있다. 이러한 공유경제의 혜택은 부자가 아니라 대부분 저임금 노동자에게 갈 가능성이 크다.

3. 공유경제는 경제적 기회를 민주화한다

공유경제는 적은 자본으로 경제 활동에 참여하거나 창업을 경험하게 하며, 풀타임으로 일하기 어려운 사람들에게 시간제로 일할 기회를 제공한다. 또 플랫폼 고유의 검색과 알고리즘을 통해 노동자가 일자리를 찾고 노동자와 사업자를 소비자와 연결해 주는 등 모두에게 경제적 기회를 열어 준다.

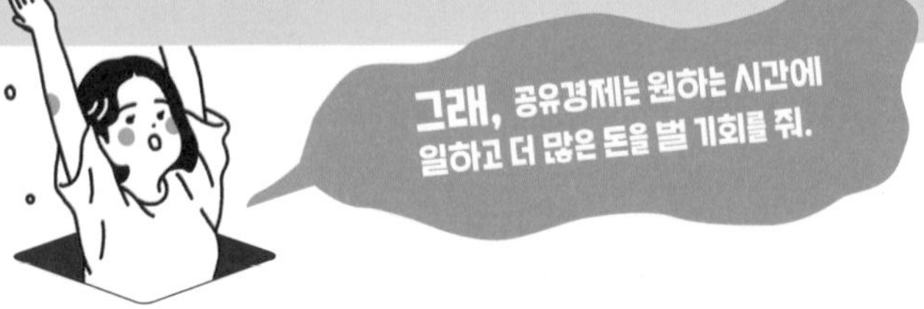

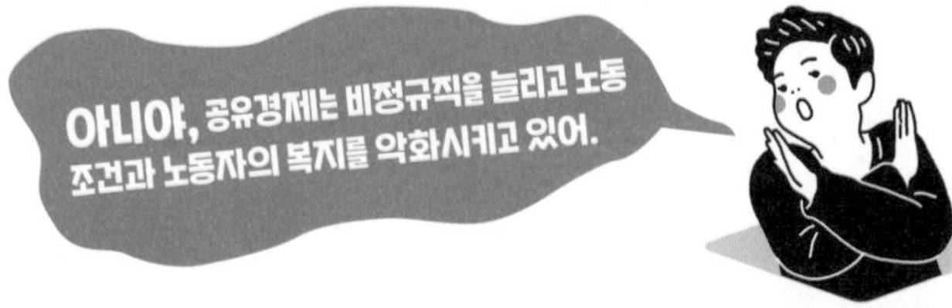

✖ 반대 ✖

1. 공유경제는 비정규직을 확대해 노동자 삶의 안정성을 파괴한다

공유 서비스를 제공하는 업체들은 노동자를 정식 직원이 아닌 개별 사업자로 대우해 비정규직 고용이 늘어난다. 성과에 따라 보상이 달라진다면 나이 든 노동자나 미숙련 노동자에게는 불리할 수 있다.

2. 공유경제는 노동자의 기본적인 권리를 보장하지 않는다

공유경제 플랫폼에서 서비스를 제공하는 노동자들은 산업 재해 보상 보험, 실업 보험, 건강 보험 등 기본적인 권리를 보장받지 못한다. 플랫폼 자본은 강도 높은 노동을 손쉬운 부업이나 용돈 벌이로 포장해 불안정한 소득이나 고용, 재해 위험과 같은 부정적인 부분이 간과되기 쉽다.

3. 공유경제로 이익을 얻는 것은 플랫폼 기업이지 노동자가 아니다

공유경제는 개인이 소유한 유휴 자산을 대여·공유하는 서비스다. 이러한 서비스를 공급하는 주체가 대부분 개인이 아닌 대형 플랫폼 업체라는 점에서 문제가 된다. 결국 공유경제로 인한 이익은 대규모 자본을 소유한 플랫폼 사업자가 가져가고, 개인은 불안정한 플랫폼 노동자로 전락할 가능성이 크다.

3

빅데이터

지금부터 1분 내로
당신의 취향과 습관을
추리해 보겠소.
당신 옷에 묻은
얼룩을 보니….
잠깐, 거기까지만요.
요새 여기저기서 취향이 너무 털려
피곤하네요.
저도 사양합니다.
나도 몰랐던 내 취향까지 알려 주는
서비스가 널렸다고요.

홈스 씨, 실망하지 말아요. 당신은 이미 스몰데이터 분석의 천재!
인공 지능과 머신 러닝만 마스터하면 21세기 빅데이터 분석가로 다시 태어날 수 있어요.
AI
음, 와이파이 비밀번호라는 것이 필요하다고….
일단 인터넷부터 익혀야겠군.
WOORISCHOOL

데이터는 네가 오늘 한 일을 알고 있다

고객님, 관심 상품을 알아서 미리 배송해 드립니다

오늘 J의 집으로 택배가 도착했습니다. J는 '최근 온라인 쇼핑으로 주문한 게 없는데?' 하고 의아해하며 택배 상자를 열어 보고는 화들짝 놀라고 말았죠. 그 안에는 몇 주 전부터 살까 말까 고민하던 운동화가 들어 있었거든요. J는 ○○○ 사이트를 들락날락하며 이 운동화를 관심 있게 살펴보았지만, 최근 지출이 컸기에 마음을 접었던 터였어요. 운동화와 함께 택배 상자 안에 들어 있는 안내문에는 '원하지 않으시면 반품해 주세요. 반품하지 않으시면 고객님의 카드로 자동 결제가 진행됩니다.'라는 메시지가 쓰여 있었어요. J는 고민하다가 결국 운동화를 사기로 결정했죠.

미래에나 일어날 법한 일이라고요? 아니요, 현재 진행 중인 이야기랍니다. 미국 최대 전자 상거래 사이트인 아마존(Amazon)이 미래에 실행할 계획으로 특허까지 낸 '결제 예측 배송 시스템'에 관한 이야기거든요. 고객이 구매를 고민하거나 관심을 보이는 상품을 확인하면, 구매 버튼을 누르기도 전에 즉시 고객에게 해당 상품을 배송하는 시스템이죠. 현재는 고객이 인터넷 사이트에서 구매 여부를 고민하는 상품을 고객이 거주하는 지역의 물류 창고까지 미리 배송해 놓는다고 해요. 머지않아 관심 상품이 고객에게까지 배송되는 날이 올 거예요. 그럼 여러분은 J처럼 집으로 배달된 관심 상품을 열어 보고 구매할지 반품할지를 고민하겠죠.

도대체 이런 일이 어떻게 가능할까요? 업체에서는 고객이 관심을 가진 상품을 어떻게 알까요? 그리고 고객이 물건을 살 것이라고 어떻게 예측할까요? 바로 기업이 고객의 마음과 행동을 읽고 예측할 수 있기 때문이에요. 자신들이 보유한 고객 데이터를 활용해서 말이죠. 오늘날 아마존을 비롯한 수많은 기업이 상품을 생산하고 판매하는 데 고객 정보를 적극적으로 활용해요. 고객이 필요로 하는 상품을 찾아내 개개인의 취

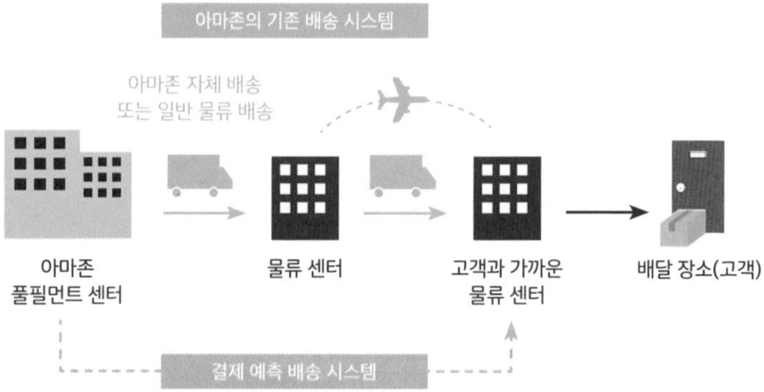

향에 맞는 방식으로 제공하고 있죠.

예를 들어 기업은 고객이 그동안 자사 사이트에서 어떤 상품을 주로 구매했고 어떤 상품 페이지에 오래 머물렀는지, 무엇을 검색하고 장바구니나 관심 상품 목록에 무엇을 담아 두었는지 등 파편화된 수많은 정보를 수집합니다. 그리고 이러한 정보를 데이터화해서 빠른 속도로 연결하고 분석하며 패턴을 찾아내죠.

얼마나 많은 고객 데이터를 확보하고, 얼마나 체계적으로 수집하고 관리하느냐에 따라 시장에서의 성공과 실패가 좌우된다고 할 수 있어요. 이렇게 모은 데이터가 바로 '21세기 원유'라고도 불리는 '빅데이터(big data)'입니다.

빅데이터, 크기만 크다고 생각하면 큰코다칠 텐데?

빅데이터는 무엇일까요? 이름 그대로 큰(big) 자료 덩어리(data)일까요? 틀린 말은 아닙니다. 흔히 빅데이터라고 하면 '기존 방법으로 분석하기에 너무 큰 데이터'를 가리키니까요. 하지만 좀 더 명확히 말하자면, 빅데이터란 큰 규모의 데이터를 수집 · 저장 · 검색 · 분석 · 체계화하기 위한 도구와 플랫폼, 분석 기법을 포괄하는 용어예요.

빅데이터의 정의와 관련해 아직 논쟁이 있지만, 빅데이터가 세 가지 특징을 띤다는 점에는 대체로 동의해요. 그 세 가지 특징은 규모(volume), 다양성(variety), 속도(velocity)로 '3V'라고 불리죠. 하나씩 살펴볼까요?

먼저 '규모'입니다. 국제 통계 사이트 월드오미터(Worldometers)에 따르면, 2018년 기준으로 현대인은 하루에 2100억 개 이상의 이메일을 주고받는다고 해요. 이는 20세기 초 전 세계인의 평생 정보량과 맞먹는 규모예요. 지금은 어떨까요? 미국의 시장 조사 기관 IDC가 조사한 결과, 2020년 전 세계 디지털 정보량은 90제타바이트입니다. 이는 99조 기가바이트에 해당해요. 이미 빅데이터의 규모는 상상도 할 수 없을 만큼 거대하며, 앞으로 더욱 확대될 거예요.

전 세계 데이터양

미국 저장 장치 업체 시게이트(Seagate)는 2025년에는 전 세계 데이터양이 175제타바이트에 이를 것으로 예측했는데, 이는 블루레이 디스크에 저장해 쌓았을 때 지구와 달 사이를 스물다섯 번 왕복할 수 있는 규모라고 한다.

빅데이터는 크기만 큰 것이 아니라 종류도 무척 '다양'합니다. 우리는 흔히 데이터라고 하면 복잡한 도표, 그래프에 표시된 숫자나 정보 등을 떠올리죠. 하지만 빅데이터는 훨씬 더 다양한 정보를 포함하고 있어요.

예를 들어 인터넷 포털 사이트에 계정을 하나 만든다고 가정해 볼까요? 이때 계정을 만들면서 입력하는 기본 정보만을 데이터라고 생각하면 안 돼요. 여러분이 이 계정에 접속하는 IP 주소부터 해당 사이트에 접속하고 머무르는 시간도 일일이 데이터로 기록되니까요. 그뿐만 아니라 그 사이트에 접속할 때 실제 여러분이 머무르고 이동했던 집, 도서관, PC방, 지하철 등도 데이터로 남아요. 시간과 장소만이 아니에요. 인터넷 게시판에 올린 글이나 이미지, 동영상, 호기심에 잠깐 클릭한 광고까지 차곡차곡 기록되죠. 더구나 특정 내용을 작성할 때 어떤 단어를 즐겨 쓰는지, 틀리는 단어는 무엇인지, 문장을

어느 정도 길이로 쓰는지까지도 데이터화될 수 있습니다.

그리고 이렇게 모인 정보는 결합하는 방식에 따라 다양한 정보로 재탄생합니다. 이를테면 빅데이터를 활용해 이용자의 생활 패턴까지도 파악할 수 있어요. 저녁 7시경 SNS에 글을 올리는 A가 퇴근길 버스 안에 있고, 이때 스포츠 경기 관람 사이트에서 야구 경기 생중계를 보며 친구들과 짧게 채팅하는데 비교적 긍정적으로 대답하는 경향이 있다는 사실도 정보화할 수 있죠. 이처럼 다양한 정보가 다양한 방식으로 결합한다는 점에서 앞으로 만들어질 빅데이터는 무궁무진하다고 할 수 있어요.

마지막으로 '속도' 역시 빅데이터를 규정하는 중요한 특징입니다. 도서관 서고의 책이나 문서가 만들어지기까지 얼마나 많은 시간이 걸렸을지 생각해 본 적이 있나요? 실제로 이런 자료가 만들어지려면 어떤 현상을 관찰하고, 연구하고, 기록하고, 정리해야 하는데 여기에는 엄청난 시간이 걸려요. 이렇게 갖추어진 수많은 자료를 다른 사람이 확인하고 분석해 활용하는 데는 더 많은 시간이 소요되죠. 이렇게 시간이 흘러가는 사이에 원래의 정보는 소용없어지거나 의미를 잃어버릴 수도 있어요. 하지만 최근 정보 통신 기술이 발전하면서 데이터를 생성하고 분석하고 활용하는 속도가 비약적으로 빨라졌습니다. 지금은 1초에 수억에서 수십억 개의 정보가 생성 · 분석 · 활용돼요.

이를 가장 잘 보여 주는 시스템이 자동차의 내비게이션이에요. 많은 운전자가 내비게이션을 통해 목적지로 향하는 최적의 길을 찾죠. 이때 내비게이션의 수많은 정보가 거의 '실시간'으로 활용돼요. 예전에는 A 길이 가장 빨랐지만 최근 새로운 B 길이 개통되었다면, 내비게이션은 B 길로 안내합니다. 목적지로 가는 경로에서 교통사고가 발생했다면, 이 정보를 반영해 정체를 피할 수 있는 다른 경로를 안내하기도 하고요. 내비게이션은 전방 과속 방지 카메라가 있는 지점까지의 거리와 도달 시간도 알려 주죠. 지금 내가 차를 운전하며 달리는 속도가 즉각적으로 서비스 업체에 데이터로 전달되고, 업체에서 이를 분석해 나와 비슷한 경로에 있는 수많은 운전자에게 필요한 정보를 골라 전달하는 데까지 얼마 걸리지 않는다는 뜻이에요.

나의 이름부터 음식 취향까지, 데이터는 모든 것을 알고 있다

여기서 한 가지 의문이 생깁니다. 대체 이토록 어마어마한 각양각색의 데이터를 어떻게 모을 수 있을까요? 시간과 돈이 있다고 해도 불가능해 보이는데 말이죠. 데이터는 어디에서 오는 것일까요? 데이터를 만드는 사람은 누구일까요?

그것은 바로 우리 모두입니다. 지금 이 순간에도 우리는 수없이 많은 말과 글을 생성하고 행동하는데, 이 모든 것이 데이터화되고 있어요. 특히 우리는 하루에도 몇 번씩 신용 카드를 이용하며 신용 카드 회사의 서버에 기록을 남깁니다. 병원에서 의사에게 진료받고 처방전을 받으면서 나의 의료 정보를,

—○ 스마트폰을 통해 우리의 일상은 매 순간 데이터화되고 있다.

식당에서 메뉴를 고르고 식사하면서 나의 음식 취향 정보를 데이터로 남기죠.

무엇보다도 나의 데이터를 가장 많이 기록하는 것은 인터넷입니다. '정보의 바다'라고 불리는 인터넷에서 우리는 관심 있고 궁금한 것을 검색하며 정보를 수집해요. 하지만 사실 정보를 수집하는 것은 우리가 아니라 인터넷이에요. 카페에 가입해 게시물을 읽고 쓴 행동, 관심 있는 뉴스를 찾아서 읽고 댓글을 달거나 '좋아요'를 누른 행동, 심지어 특정 사이트에 오래 머물거나 게시물을 스크롤 하는 행동까지도 수집되고 있죠. 결국 인터넷에 정보를 제공해 빅데이터를 만들어 내는 것은 바로 인터넷을 이용하는 나 자신인 셈이에요.

빅데이터의 등장에 속도를 더한 것은 현대인의 필수품이라 할 수 있는 스마트폰이에요. 우리는 스마트폰으로 궁금한 모든 것을 검색하고 관심사를 찾아보죠. 버스나 지하철에서 주위를 둘러보면, 스마트폰을 보고 있지 않은 사람을 찾기 어려울 거예요. 매일 매 순간 스마트폰을 통해 수많은 데이터가 생성되고 있다는 사실을 실감할 수 있어요.

자, 그럼 빅데이터를 한곳에 모으는 것만으로 충분할까요? 아니죠, 빅데이터 자체가 목적이 될 수는 없어요. 예를 들어 잘 모르는 분야의 시험을 치른다고 생각해 보세요. 막막해하는 나에게 누군가가 참고할 자료를 주겠다고 하면 반가운 마음부터 들겠죠. 하지만 그 자료가 방을 한가득 채우는 책들이라면 어떨까요? '아니, 이렇게 많은 자료를 언제 다 보고 공부하지?'라는 생각에 더 큰 한숨이 나올 거예요.

그렇습니다. 데이터가 아무리 많아도 그 자체가 우리에게 의미 있는 정보를 주거나 우리를 대신해 중요한 결정을 내려주지는 않아요. 데이터를 분석하고 의미와 활용 방안을 발견하는 일은 우리 인간이 해야 하죠. 즉, 수많은 데이터가 존재하는 오늘날의 세상에서 오히려 더 중요해진 것은 그 데이터를 분석해 의미를 발견하고 활용하는 인간의 역량입니다.

쌓아 두기만 하면 뭐 해?
활용하는 능력이 중요하지!

수많은 전문가의 전망에 따르면, 앞으로 빅데이터를 분석할 역량을 지닌 인재의 중요성이 더욱 커질 것입니다. 이와 관련해 '데이터에 드러난 사람들의 마음'을 읽는 능력이 중요하다고 이야기하는 목소리도 있어요. 기업의 핵심 역량은 결국 고객을 이해하는 능력인데, 데이터 분석을 통해 다양한 패턴

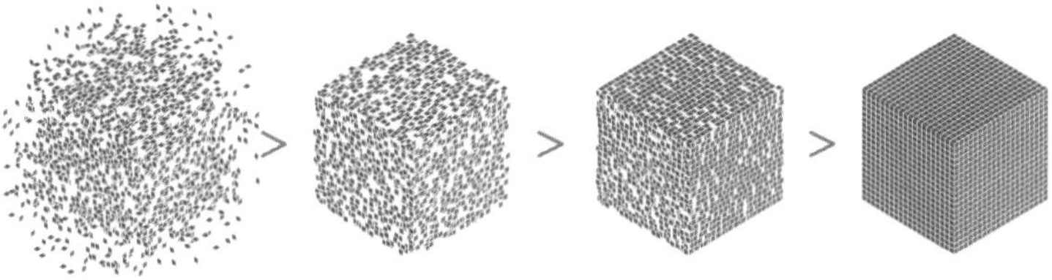

을 보이는 사람들의 욕구와 욕망을 읽어 내는 것이 중요하다는 의미예요. 마찬가지로 수많은 데이터 속에서 우리는 어떤 패턴이나 경향을 읽어 내고, 이것이 우리 사회와 개개인에게 어떤 의미가 있는지를 발견해서 더욱 효과적으로 활용할 방법을 찾고 결정할 수 있어야 해요.

물론 이러한 역량은 과거에도 중요하게 여겨졌어요. 과거에는 상대적으로 나이가 많거나 특정 분야에서 오래 일한 사람이 더 많은 데이터를 가졌기에 이들의 직관이나 직감에 의존했죠. 오랫동안 삶의 경험을 축적한 어른들의 이야기는 일상생활에서 도움이 될 때가 많았어요. 또 특정 분야에서 오래 일한 사람이라면 그 분야에서 중요한 것, 자주 일어나는 실수, 특수한 상황에 대한 대처 등에 관해 더 나은 판단을 내릴 가능성이 커요.

하지만 빅데이터 활용 능력은 인간의 직감이나 직관과는 엄연히 다릅니다. 경험이 많은 연장자도 자신의 편견 때문에 판단이나 결정이 틀릴 때가 있으니까요. 특히 오늘날처럼 하루가 다르게 사회가 바뀌고 최신 정보가 빠르게 쏟아지는 시대에 과거를 살았던 어른들의 경험을 주된 판단의 근거로 삼는다면 큰 한계에 부딪힐 수밖에 없어요. 더군다나 인간의 '직관'은 계속해서 도전받고 있습니다.

알베르트 앙커, 〈옛날이야기를 들려주는 할아버지〉, 1884년. 과거에는 경험이 많은 연장자의 지혜를 빌리는 때가 많았다.

대표적인 사건이 2016년 인공 지능 알파고(AlphaGo)와 바둑 기사 이세돌 간의 바둑 대결이었죠. 흔히 바둑은 수많은 경우의 수를 포함한 게임으로 부분적인 계산이나 수읽기도 중요하지만, 전체 판을 읽어 내는 인간의 직관이 무엇보다 중요하다고 알려져 있어요. 그래서 당시 많은 프로 바둑 기사가 이세돌의 승리를 예상했어요. 하지만 4 대 1로 알파고가 승리했죠. 당시 대결의 기보(바둑이나 장기를 둔 내용의 기록)를 통해 알파고는 인간이 감탄할 만한 새로운 수를 여러 번 보여 주었고, 바둑 기사들의 직관도 종종 틀릴 수 있다는 사실을 알려 주었어요.

그렇다면 알파고는 어떻게 바둑 천재라 불리던 이세돌을 이길 만큼 바둑을 잘 둘 수 있었을까요? 알파고는 인간이 오랫동안 쌓아 온 수많은 기보를 습득했고, 이를 바탕으로 또 다른 알파고와 여러 번 시합하면서 수많은 경우에 대처할 최선의 방법을 찾아내는 과정을 거쳤어요. 그러니까 알파고의 바둑 실력은 직관이나 직감이 아니라 빅데이터에 기반한 것이죠. 물론 인간이 알파고 같은 인공 지능처럼 바둑을 두거나 판단하고 행동할 수는 없을 거예요. 그렇게 많은 데이터를 받아들일 수도, 처리하고 분석할 수도 없을 테니까요.

그렇다고 해도 인간이 인공 지능으로부터 배워야 할 점들이 있습니다. 일단 과거처럼 직관이나 직감으로 판단을 정당화하는 사람은 더는 살아남기 힘들어요. 인간의 '감'은 때로 통찰력을 지니지만 상당 부분이 제한된 경험에서 비롯하다 보니, 개인의 특수한 욕구나 욕망, 편견으로부터 영향을 받았을 가능성이 크기 때문이에요. 또 직감이 대체로 맞을지라도 구체적인 상황에서는 틀릴 수 있어요. 전반적인 사회의 흐름을 이야기하는 것과 그 속에서 살아가는 한 개인의 삶을 이야기하는 것은 차이가 있으니까요. 특히 직감만으로 한 사람을 판단하는 것은 틀릴 확률이 높죠.

하지만 데이터도 틀릴 때가 있지 않을까요? 물론 그렇습니다. 잘못된 정보를 포함하거나 특정한 편향을 담은 데이터도 많거든요. 특히 빅데이터는 우리 사회의 모습을 있는 그대로 반영한다는 점에서 우리 사회의 부정적 측면까지도 그대로 반복할 가능성이 커요. 따라서 데이터를 잘 활용하려면, 이미 쌓여 있는 데이터를 제대로 살펴서 선별하고 그 중요성을 평가할 수 있어야 합니다. 이를 '데이터 큐레이션'이라고 해요. 빅데이터 시대에 중요하게 요구되는 덕목이라 할 수 있죠.

사람들의 숨겨진 욕망을 발견하고 취향을 모으고 분석하는 인공 지능

오늘날 빅데이터가 다양한 방면에서 활용되며 인간의 삶을 풍족하게 만든다는 사실은 일상생활 곳곳에서 쉽게 확인할 수 있습니다.

구글이나 네이버 등 인터넷 포털 업체를 중심으로 제공되는 번역 서비스가 빅데이터를 잘 활용한 대표적 분야예요. 이런 번역 서비스는 개별적인 단어나 어구를 찾아 조합하는 것이 아니라 인터넷에 존재하는 수많은 원본 문서와 번역 문서를 비교하면서 빅데이터를 만들어 내고, 이를 바탕으로 주어진 문장을 맥락에 맞게 해석해 내죠. 따라서 번역 서비스를 사용하는 사람이 늘어날수록 번역의 질도 더욱 높아질 것으로 기대됩니다. 또 아마존을 비롯한 수많은 쇼핑 사이트에서 수집하는 고객의 제품 평가 및 만족도는 각종 제품, 여행, 호텔, 식당, 문화 서비스 등을 평가하는 데 활용되고 있어요.

오늘날 이렇게 빅데이터를 다양하게 활용하는 이유는 무엇일까요? 기존 자료를 활용할 때에 비해 빅데이터를 활용하면 무엇이 유리할까요?

첫째, 빅데이터는 있는 그대로의 현실을 보여 줍니다. 기존 조사에서 발견하지 못했던 숨겨진 진실이나 쉽게 드러나지 않는 편견을 잡아내어 세상에 대한 우리의 이해를 확장하죠. 선거 같은 사회적 이벤트에서도 기존 여론 조사와 빅데이터의 결과가 차이를 보이곤 합니다. 기존 여론 조사는 일부 사람만을 대상으로 한다는 점에서 전체를 다루는 빅데이터 분석과 전혀 다르기 때문이에요.

게다가 빅데이터 분석은 사람들이 자신의 응답을 의도적으로 숨기거나 왜곡하는 경우까지도 찾아내 기존에 알지 못했던 새로운 사실을 발견하는 데 도움을 주기도 합니다. 특히 미국에서는 많은 사람이 구글을 통해 무의식적으로 궁금하거나 관심 있는 것들을 검색하기 때문에 이를 통해 평소 확인하기 힘들었던 사람들의 솔직한 마음을 발견할 수 있어요.

예를 들어 수많은 미국인이 구글 검색창에 흑인을 비하하는 표현인 'nigger'라는 단어를 검색하는데, 이는 다른 인종 검색을 모두 합친 것보다도 17배나 많아요. 여러분이 빅데이터를 통해 이런 사실을 확인했다면, 누군가가 미국 사회에서 인종 차별 문제가 크게 개선되었다고 주장하더라도 이를 곧이곧대로 받아들이지 않을 거예요. 이처럼 빅데이터는 겉으로 잘 드러나지 않는 부분까지도 알려 주는 역할을 합니다.

2016년 미국 대선에서 트럼프의 압승을 예상한 건 빅데이터를 활용하는 구글 트렌드였다. 구글 트렌드에 따르면, 미국 대선이 열리기 전 3개월간 '도널드 트럼프', '트럼프에게 투표하라'의 검색 횟수가 평균적으로 '힐러리 클린턴', '클린턴에게 투표하라'의 검색 횟수보다 많았다.

둘째, 빅데이터를 통해 현실을 정확하게 파악하고 분석하다 보면, 정확한 예측과 대처를 할 수 있고 이는 수많은 일에서 성공률을 높입니다. 따라서 빅데이터 활용은 현재의 산업 지형을 크게 바꿀 거예요. 특히 전문 업종인 의사나 변호사 등이 수행하는 업무는 빅데이터를 활용하면 그 효율성을 비약적으로 끌어올릴 수 있어요.

의사가 하는 일을 생각해 볼까요? 의사의 가장 중요한 역할은 환자의 증상을 진단하고 그에 따른 치료법을 제안하는 것이죠. 지금까지는 의사 개인의 제한적인 임상 경험이나 학습량이 의료의 질을 결정하는 요인이었어요. 하지만 빅데이터를 활용하면, 모든 임상 경험을 비롯해 치료를 위한 약물이나 그 효과, 각 개인과 그 가족의 질병 이력이나 약물 투여 경험 등을 데이터화해 자료로 쓸 수 있습니다. 실제 IBM에서 개발한 인공 지능 의사 '왓슨'은 빅데이터를 활용해 모든 질병과 약제에 대한 정보를 제공하고, 시시각각으로 새롭게 발생하는 환자들에 관한 정보까지도 업데이트하며 우수한 의료 서비스를 제공해요. 이미 인간 의사보다 더 정확하게 병을 진단하는 왓슨을 택하겠다는 환자들이 늘어나고 있어요.

셋째, 빅데이터는 전체적인 흐름을 보여 줄 뿐만 아니라 개

개인에게 맞춤형 서비스를 제공할 수 있도록 합니다. 빅데이터는 수많은 타인의 정보를 바탕으로 '나'에 관한 정보를 판단해요. 즉, 빅데이터가 쌓이면 이를 통해 나와 가장 비슷한 가상의 사람을 찾아내고 '나'라는 개인에게 최적화된 서비스를 제공할 수 있다는 말이죠. 이를 '도플갱어 검색'이라고 부르기도 해요.

이미 수많은 기업이 이를 활용하는데, 대표적으로 세계 최대 온라인 스트리밍 서비스(OTT)인 넷플릭스(Netflix)가 있어요. 넷플릭스는 빅데이터를 바탕으로 구독자 개개인의 취향에 맞는 영화나 드라마를 추천해 줍니다. 예를 들어 구독자가 좋아하는 장르나 주인공 유형, 배경 음악, 분위기, 각본을 파악해 추천하는 것이죠. 심지어 이렇게 파악한 유형을 바탕으로 그에 맞는 작품을 제작하기도 해요.

OTT

'Over the top'의 약자로 인터넷을 통해 볼 수 있는 온라인 동영상 서비스를 일컫는다. 대표적인 OTT인 넷플릭스와 왓챠는 빅데이터를 통한 추천 알고리즘을 활용하고 있다.

물론 이러한 맞춤형 서비스는 문화 분야를 넘어 모든 분야에 적용됩니다. 의학 분야라면 나에게 맞는 정확한 진단과 치료 서비스를 훨씬 수월하게 받게 될 테고, 교육 분야라면 현재 내가 부족한 학습 영역을 파악하고 나의 성향에 맞는 학습 소재나 방법을 선택하는 데도 도움을 받을 수 있어요. 빅데이터에 의한 영화나 음악 추천을 잘 활용하는 사람이라면, 다른 모든 분야에서도 자신의 삶을 개선하는 데 빅데이터를 통한 추천 서비스를 활용할 수 있을 거예요. 그리고 그 적합성과 정확성은 시간이 흐를수록 높아지겠죠.

빅데이터의 시대는 유토피아인가, 디스토피아인가?

앞으로 수없이 다양한 데이터가 빠르게 전달되어 세상이 더욱더 편리하게 바뀔 것은 분명해 보입니다. 그런데 오히려 빅데이터 시대를 우려하는 사람들도 적지 않아요. 빅데이터가 제공하는 혜택 뒤편에 무시무시한 함정이 숨어 있다고 걱정하는 것이죠.

빅데이터에 대해 사람들이 가장 크게 우려하는 것 중 하나는 개인 정보 즉, 프라이버시의 문제입니다. 앞서 언급했듯이 수많은 기업이 빅데이터를 통해 나에게 맞춤형 서비스를 제공하려면 '나'에 관한 개인 정보도 일부 수집할 수밖에 없어요. 그런데 정말 '일부'일까요?

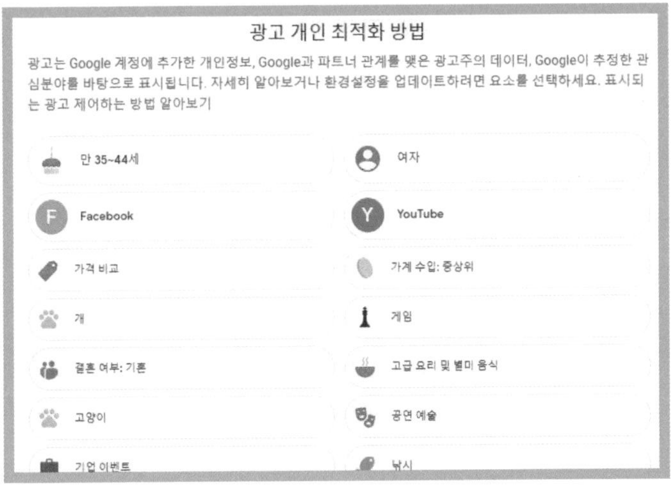

—○ 나이부터 관심사까지 다양한 개인 정보가 수집되는 구글 계정의 광고 설정 페이지.

한 시사 프로그램에서 '구글은 당신의 ○○○를 알고 있다'라는 제목으로 빅데이터를 활용해 맞춤 광고를 하는 구글에 대해 보도한 적이 있어요. 여러분은 구글 계정 관리에서 광고 설정 페이지에 들어가 본 적이 있나요? 광고 맞춤 설정을 위해 수집된 개인 정보를 살펴보세요. 아마 깜짝 놀랄 거예요. 여러분의 나이나 성별, 관심사, 취미는 물론이고 가계 수입이 어느 정도인지, 결혼은 했는지, 연애하는 사람이 있는지, 수년간 이동한 곳과 시간 그리고 당시 촬영한 사진까지도 수집되어 있을 테니까요. 심지어 꽤 정확하게 말이죠.

이것이 바로 빅데이터의 힘이에요. 우리가 인터넷에서 검색하고, 영상을 보고, 광고를 클릭하고, 스마트폰을 들고 여기저기 이동하는 동안 쌓인 빅데이터를 바탕으로 기업들은 점점 더 우리를 정확하게 추정합니다. 결국에는 알리고 싶지 않은 정보까지도 노출될 가능성이 크죠. 어릴 때 누구에게도 보이지 않겠다고 꼭꼭 숨겨 두었던 일기장을 이제는 나도 모르게 누군가가 들여다보고 있는 셈이에요.

물론 더욱 풍요롭고 행복한 삶을 위해 개인 정보를 포기하는 사람도 있을 거예요. 하지만 중요한 사실은 빅데이터가 반드시 행복한 삶을 보장하지는 않는다는 거죠. 빅데이터는 말 그대로 데이터일 뿐이니까요. 결국 행복은 데이터의 문제가 아니라 '인간'의 문제예요. 실제로 빅데이터를 이용한 수많은 추천이나 맞춤형 서비스에 만족하지 못하는 사람들도 꽤 많아요. 빅데이터 기술이 크게 발달했다고는 하지만, 사실상 빅데이터는 아직 '스몰데이터'에 불과하기 때문이에요. 현재 수많은 경로를 통해 수집된 나와 세상의 정보는 나와 세상의 일부, 그러니까 작은 흔적에 불과해요. 우리는 그 데이터보다 더 풍부하고 큰 존재니까요. 따라서 빅데이터의 추천만으로 우리의 행복을 말하는 것은 적어도 아직은 이르다고 보아야 합니다.

물론 앞으로 기술이 더 발달하면 스몰데이터의 문제는 해결될지도 몰라요. 하지만 빅데이터가 쌓인다고 해도 여전히 어떻게 결정을 내릴 것인가 하는 문제는 남아 있어요. 과거에 내가 무엇을 좋아했다는 사실이나 세상의 많은 사람이 무엇을 좋아한다는 사실은 지금 내가 무엇을 선택해야 하는가를 결정짓는 잣대가 되기에 부족해요. 현재의 나는 과거의 나와 다르고, 세상의 많은 사람과도 다르니까요. 더욱이 과거의 나와 세상의 많은 사람은 복잡한 오류를 가지고 있으며, 적어도 삶이라는 문제에 관해서는 바둑이나 여느 게임처럼 완벽한 답을 낼 수 없어요. 어제 내린 결정을 후회하고 반성하는 지금의 내 모습을 보면 이 점을 잘 알 수 있죠.

실제로 과거의 데이터가 오류를 범해 차별로 이어진 사례가 있습니다. 2018년 10월, 아마존은 빅데이터를 활용한 인공 지능 채용 프로그램을 폐기했어요. 오래전부터 남성 직원이 상당수인 IT 업계의 데이터를 학습한 인공 지능이 '여성'이라는 단어를 감점 요소로 분류했기 때문이에요. 빅데이터를 활용한 미국의 불심 검문 프로그램이 인종 차별적 편견을 그대로 드러낸 사례도 있었고요.

과거에 쌓인 정보에 나타난 '나'는 지금의 '나'와 달라요. 지금의 나는 실수하던 과거의 나와 달라지기를 원할 수도 있어요. 현재 세상에 존재하는 수많은 편견을 가진 사람들과 다른 결정을 내리고 싶어 할지도 모르고요. 이것이 인간을 인간답게 만드는 '자율성'입니다. 빅데이터의 영향력이 확장될수록 인간이 자율성을 지켜 내는 것이 또 하나의 중요한 과제가 될 거예요.

개인의 자율성 문제를 사회 전체의 측면에서 생각하면 또 다른 문제가 생길 수 있어요. 무궁무진한 가능성을 가진 빅데이터를 누가 어떻게 활용하느냐에 따라 결과가 달라질 수 있기 때문이죠. 특히 빅데이터에 좀 더 쉽게 접근할 수 있는 자본이나 권력 기관이 이를 오용하거나 악용한다면 끔찍한 결과를 낳을 수도 있습니다.

이를테면 자본이 개인의 모든 선호와 그에 따른 선택을 알게 될 경우, 시장 질서를 무시하고 더 나아가 개인을 조종하는 일까지 발생할 수 있어요. 수요와 공급을 예측할 수 있으니 다른 기업과 경쟁하지 않아도 되고, 소비자들의 구매 의사를 예측할 수 있으니 더 원할 만한 상품에 더 높은 가격을 매기겠죠. 소비자는 자신이 원해서 상품을 구매한다고 생각하지만, 실상 우리의 구매 욕구는 이미 우리에 관한 빅데이터를 파악한 자본에 의해 자극되고 조종된 결과일지도 모릅니다.

특정 권력 기관이 빅데이터를 바탕으로 사회 체제를 근본적으로 뒤흔드는 것 역시 우려해야 할 일이에요. 실제로 중국 정부는 이미 2014년에 사회 신용 시스템을 구축하겠다는 구상을 발표하고 시행해 왔어요. 금융, 사회, 온라인 등의 빅데이터를 모아서 국민 개개인에게 등급을 부여하고 그에 따라 평가하고 대우하겠다는 것이죠. 많은 사람이 이러한 제도를 걱정하는 시선으로 지켜보고 있습니다.

예를 들어 신호등 신호를 위반한 경력이 있다는 이유로 도덕성이 낮다고 평가받아 좋은 학교에 입학하기 어려워지고, 비디오 게임을 많이 했다는 이유로 회사 채용에 불이익을 받을 수도 있어요. 권력 기관이 빅데이터를 마음대로 사용할 수 있게 된다면, 개인에 대한 감시와 통제가 강화될 가능성이 크다는 거예요. 그리고 이는 민주주의에 큰 재앙이 되겠죠.

특정 권력 기관이나 자본이 빅데이터를 장악하고 사회의 모든 것을 감시하며 통제하는 사회에 대해 여러분은 어떤 생각이 드나요? 『1984』의 '빅 브러더'가 떠오르며 불안해지나요? 아니면 『멋진 신세계』에 등장하는 평범한 사람들처럼 삶이 편리하기만 하다면 감시와 통제도 기꺼이 받아들일 마음이 드나요? 확실한 것은 빅데이터 그 자체가 밝은 미래를 기약하지는 않는다는 거예요.

『1984』와 『멋진 신세계』

『1984』는 조지 오웰(George Orwell)의 소설로, 사람들의 사생활을 철저하게 감시하며 존엄성과 자유를 앗아가는 극단적인 전체주의 사회를 배경으로 한다. 『멋진 신세계』는 올더스 헉슬리(Aldous Huxley)의 소설로, 최고도로 발달한 과학 기술이 인간성을 파괴하는 미래 세계를 풍자한다.

결국 빅데이터를 어떻게 활용해 어떤 세상을 만들지는 우리 인간에게 달려 있습니다. 무시무시한 잠재력을 지닌 빅데이터를 어디까지 수집하고 어떻게 다룰지, 그리고 누가 누구를 위해 다룰지 등을 둘러싸고 중대한 결정을 내려야 할 시기가 조금씩 다가오고 있어요. 우리는 이러한 결정을 회피해서도 안 되고, 회피할 수도 없을 거예요.

놓치지 마요

빅데이터 핫&이슈 ▼

AI가 빅데이터로 큐피드가 되어 드립니다

일본의 정부와 일부 지방 자치 단체에서는 비혼과 저출산 문제를 해결하기 위해 빅데이터를 활용한 결혼 지원 사업을 추진하고 있다. 인공 지능은 이용자의 희망 조건뿐만 아니라 이용자의 개인 정보와 시스템 이용 내력 등을 파악해 '나를 좋아할 만한 사람'까지도 추천해 준다.

구글, 개인 정보 일정 기간 뒤 자동 삭제

최근 개인 정보에 관한 사회적 관심이 높아지자, 2020년 구글은 사용자의 위치나 활동 등 다양한 개인 정보를 18개월 후 자동 삭제되도록 조치하겠다고 밝혔다. 구글의 개인 정보 수집을 둘러싼 다양한 논의와 소송이 진행되는 상황에서 이 같은 새로운 방침이 개인 정보에 대한 개인의 주도권을 인정하는 계기가 될 것인지 관심 있게 지켜볼 필요가 있다.

데이터 3법 통과의 명암

2020년 1월 9일, '데이터 3법'이 발의된 지 1년 2개월 만에 국회 본회의를 통과했다. 데이터 3법이란 개인정보보호법, 정보통신망법, 신용정보법의 개정안을 아우르는 말이다. '가명 정보'라는 개념을 도입해 통계 작성이나 과학적 연구, 시장 조사 등을 위해 개인의 동의 없이도 가명 정보를 활용할 수 있게 한 것이 데이터 3법의 핵심이다. 이에 따라 개인 정보의 소유권 침해, 개인 정보 노출, 정치적 남용 등 문제점에 대한 비판도 나오고 있다.

빅데이터 마케팅을 제한해야 할까?

○ 찬성 ○

1. 개인 정보 활용은 사생활의 자유를 침해한다

개인 정보 유출 사례가 이미 여러 차례 발생했고 피해 규모도 엄청나다. 대부분 기업이 개인 정보 활용에 동의하지 않으면, 해당 서비스를 이용하지 못하게 한다. 결국 이용자는 개인 정보 활용에 동의할 수밖에 없으므로 개인의 모든 사생활이 기업의 먹잇감이 될 수밖에 없다.

2. 빅데이터에 기반한 추천은 온전히 나를 위한 것이 아니다

수많은 기업이 빅데이터를 활용해 광고하고 물건을 판매하는데, 이때 이루어지는 추천은 '나'를 위한 것이 아니라 '나와 비슷하고 나로 추정되는 사람'을 위한 것이다. 빅데이터를 가공하는 과정에서 나는 나와 비슷한 수많은 사람을 위한 하나의 자료로 취급될 것이다. 결국 '나'라는 개인이 사라지게 될 위험이 있다.

3. 빅데이터에 기반한 추천은 개인의 자율성을 침해한다

내 삶의 많은 부분을 빅데이터에 맡긴다면, 그 삶은 나의 선택이 아니라 빅데이터의 선택으로 이루어지는 셈이다. 광고를 보고 물건을 사는 것조차도 나의 선택이 아니라 빅데이터를 활용한 기업의 조작에 의한 것일 수도 있다. 문제는 우리가 이것을 나의 선택이라고 믿는다는 점이다.

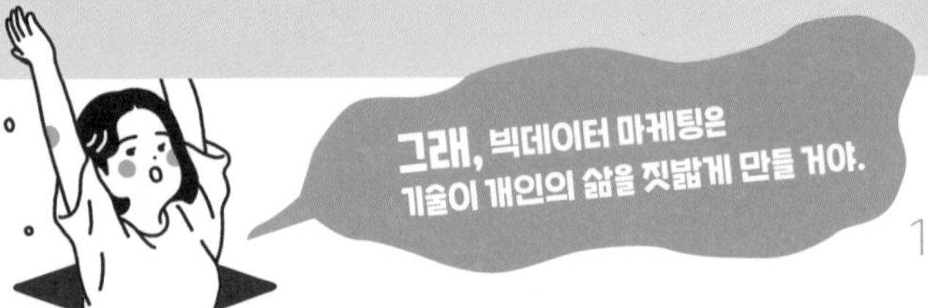

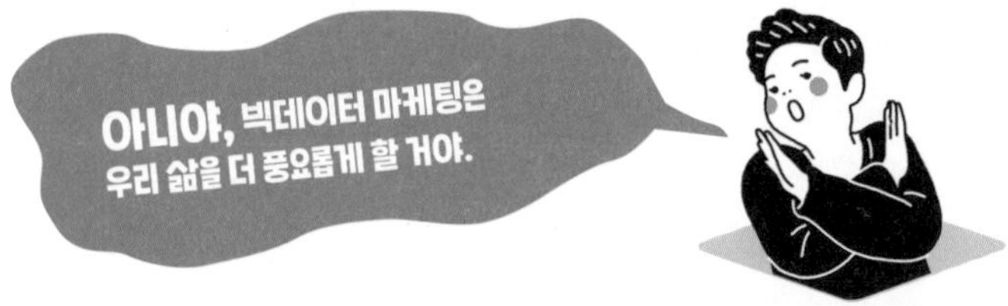

✖ 반대 ✖

1. 법과 제도를 마련하면 개인 정보를 보호할 수 있다

개인 정보 유출이나 오남용 문제는 법과 제도로 해결할 수 있다. 특히 가명 정보 중심으로 서비스를 제공하면, 빅데이터 활용에 필요한 정보를 수집하면서도 개인의 사생활을 보호할 수 있다. 블록체인 등의 기술이 계속 발전하는 것도 개인 정보 보호에 도움을 줄 것이다.

2. 개인 맞춤형 서비스가 진화하면 나를 위한 추천이 된다

개인 맞춤형 서비스가 계속 진화해 개인의 유무형 기록이 모이면 나에게 딱 맞는 서비스가 제공될 것이다. 예를 들어 현재 음악 추천 서비스가 기존에 들었던 곡과 비슷하게 추천해 주는 게 불만이라면, 미래에는 그러한 불만과 새로움을 원하는 기호까지 반영해 진짜 '나'를 위한 음악을 추천하는 서비스가 생길 것이다.

3. 빅데이터의 추천 여부도 나에게 선택권이 있으면 문제 될 것이 없다

빅데이터는 내가 모르는 부분까지 포함해 다양한 분야에서 나에게 더 적합한 것을 추천해 준다. 이용자들에게 추천받을 것인지 받지 않을 것인지만 선택하게 하면 된다. 인간의 자율성을 존중한다면, 빅데이터 활용 추천 여부에 대한 인간의 선택권도 존중해야 하지 않을까?

4

암호화폐

암호화폐라니, 암호만 풀면 내 돈이 되는 거야?
암호화폐는 일종의 가상 화폐야.
뭐야, 가짜 돈이었어? 어쩐지 수상했어. 사기네, 사기.
쯧쯧, 신용 카드도 진짜 돈이 왔다 갔다 하는 건 아니잖아.

암호화폐를 알려면
블록체인을 알아야 합니다.
블록이라고?
돈이 레고 쌓기냐?
10000
정확해요! 지금은 돈거래를 하려면
당사자 말고 은행이 꼭 있어야 하지만
블록체인은 당사자들끼리 직접 거래하는
새로운 보안 시스템이죠.
하나의 블록에 새로운 기록을 저장…
그걸 사슬로 연결하는 4차 산업 혁명의 핵심 기술….
BANK
…
넌 레고 천재니까
암호화폐도 잘 이해할 거야.

현금도 카드도 필요 없는 세상이라니

1센트짜리 피자 두 판이 역사적인 피자로 남은 이유

"피자 두 판에 1만 비트코인을 내겠습니다. 피자를 직접 만들어 우리 집으로 가져와도 좋고 배달 업체에 주문해도 좋습니다. 목표는 제가 직접 주문하거나 만들 필요 없이 비트코인으로 음식을 배달시키는 것입니다."

2010년 5월 18일, '비트코인 포럼'이라는 인터넷 커뮤니티에 흥미로운 글이 올라왔습니다. 이 글을 올린 주인공은 미국 플로리다주에 살던 컴퓨터 프로그래머 라스즐로 핸예츠(Laszlo Hanyecz)였죠.

글을 올린 지 나흘째인 5월 22일 오후, 그의 집에는 다양한 토핑이 올라간 먹음직스러운 피자 두 판이 배달되었어요. 핸예츠는 '제르코스'라는 닉네임을 가진 사람으로부터 피자를 받았다며 인증 사진을 올렸죠. 약속대로 1만 비트코인을 제르코스에게 보냈고요.

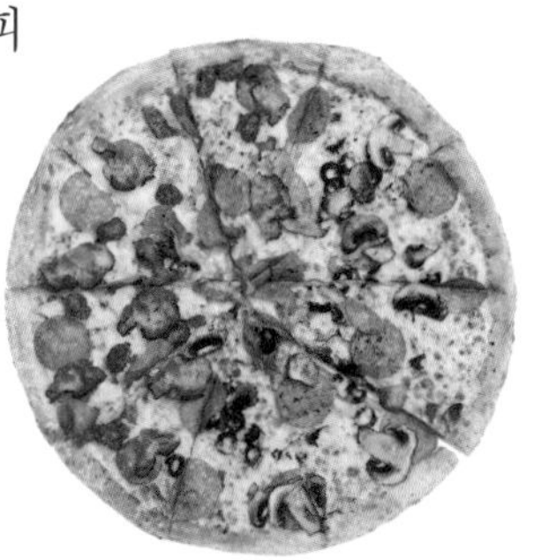

그런데 이 장난스러운 사건 이후 비트코인의 가격이 급등합니다. 물론 그 가치가 한참 떨어진 시기도 있었지만, 당시 1센트도 안 되었던 1비트코인의 시세가 3년 후인 2013년 12월에는 1151달러가 되었고, 2021년 5월 말에는 3만 3000달러를 넘었으니 놀라운 일이죠. 핸예츠는 그야말로 세상에서 가장 값비싼 피자를 주문한 셈이에요.

핸예츠의 피자 배달 이야기는 가상 공간에 존재하는 화폐와 현실 공간에 존재하는 상품 간의 거래가 최초로 이루어진 기념비적인 사건으로 남았습니다. 매년 5월 22일이 되면, 전 세계의 비트코인 이용자들은 이날을 '비트코인 피자 데이'라고 부르며 피자를 사 먹어요. 도대체 비트코인으로 피자 두 판을 주문한 일이 무엇이 특별하기에 이날을 기념일로 정하기까지 했을까요?

현금도 법화도 아니라면 비트코인의 정체는 무엇일까?

비트코인이 지갑에서 꺼내 쓸 수 있는 현금이라면, 1만 비트코인으로 피자 두 판을 산 날을 굳이 기념일로 정하지는 않았겠죠. 현금이 아니라면 비트코인은 무엇일까요?

생활에 필요한 재화를 사거나 서비스를 이용할 때 우리는 화폐를 지불 수단으로 사용합니다. 그렇다면 피자 두 판을 사는 데 지급한 비트코인도 화폐의 일종으로 볼 수 있어요. 그런데 비트코인은 여러분의 지갑에 있는 현금과는 다른 형태로 존재하는 화폐예요. 가상 공간, 즉 인터넷과 같은 네트워크 상태에서 전자 파일 형태로 존재하거든요. 이렇게 전자 파일 형태로 존재하는 화폐를 '디지털 화폐'라고 해요.

물론 지갑 속의 현금을 은행 계좌에 입금하면, 현금이 전자 파일 형태로 존재하는 디지털 화폐가 됩니다. 그렇다면 라스즐로 핸예츠가 제르코스에게 전송한 비트코인은 인터넷 뱅킹으로 송금할 수 있는 예금의 일종일까요? 물론 아니에요. 1000원, 5000원, 10000원짜리 지폐를 들여다보면 한국은행이 발행했다는 표시가 있어요. 우리나라에서는 법률로 한국은행에서 발행한 화폐만 우리나라 영토 내에서 강제적으로 유통될 수 있고, 지불 수단으로 기능할 힘을 부여하고 있어요.

화폐의 강제적 유통
지불 수단으로 화폐를 지급할 때 이를 거부할 수 없다는 뜻이다.

이처럼 정부가 법률에 따라 강제적으로 유통되는 힘과 지불 능력을 부여한 화폐를 '법정 화폐', 줄여서 '법화'라고 해요. 한 국가 내에서 법화로 빚을 갚거나 재화를 구매하고자 할 때 누구도 이를 거부할 수 없어요. 정부가 나서서 법화를 공식 화폐로 인정하고 보증하고 있기 때문이죠. 동전이나 지폐 같은 실물 화폐뿐만 아니라 예금 통장에 입력된 숫자도 법화입니다. 하지만 숫자가 표시된 종이 뭉치를 가방 가득히 넣어 들고 은행에 가져가면 은행은 이 종이 뭉치를 받기 거부할 거예요. 법화가 아니기 때문이죠.

그런데 핸예츠가 제르코스에게 보낸 비트코인은 국가가 공식적으로 인정한 화폐, 즉 법화가 아닙니다. 비트코인이 예금과 같은 법화라면, 핸예츠가 굳이 비트코인으로 음식을 구매할 수 있는지 알아보는 실험을 하지 않았을 거예요. 직접 피자 가게에 피자를 주문한 다음, 피자 가게 주인의 예금 계좌로 비

트코인을 송금하기만 하면 되니까요. 마찬가지로 비트코인이 법화라면 피자 가게 주인도 계좌로 송금된 비트코인을 받지 않겠다고 거부할 수 없을 테고요.

비트코인이 법화가 아니라면 대체 무엇일까요? 법화와 달리 정부가 발행하지도 않고 법률에 따라 지불 가능한 수단으로 보장받지 못하지만, 특정한 가상 공간에서 구성원들이 화폐로 받아들여 사용하는 결제 수단을 '가상 화폐'라고 해요. 특정 게임 내에서 사용하는 현금성 아이템, 또는 현금으로 구매할 수 있는 게임 머니를 대표적인 가상 화폐라고 할 수 있어요. 예를 들어 '크레이지 아케이드'와 '카트라이더' 같은 게임에서 현금을 지급하고 그 대가로 받은 게임 머니를 '캐시', 게임 중에 획득한 게임 머니를 '루찌'라고 하는데, 모두 가상 화폐의 일종이에요.

유럽 은행 감독청(EBA)은 가상 화폐를 이렇게 정의해요.

> 중앙 정부나 공공 기관에 의해 발행되거나 여타 법정 화폐에 기초하지 않으며, 개인이나 법인에 의해 지불 수단으로 받아들여지며, 전자적으로 이전 · 저장 · 교환되는 디지털 가치 표상.

이와 같은 정의에 따르면, 비트코인은 가상 화폐로 분류할 수 있습니다. 가상 화폐라는 점에서 게임 머니도 비트코인도 가상 공간, 즉 인터넷상에서만 생성되고 유통될 수 있어요. 따라서 현실 세계에서는 게임 머니나 비트코인으로 피자를 구매할 수 없어요. 물론 최근에는 거래소를 통해 비트코인을 사고팔 수 있어서 비트코인을 현금으로 바꿔 피자를 주문할 수는 있겠죠. 이러한 사실로 미루어 볼 때, 11년 전 핸예츠가 비트코인으로 피자를 구매한 일은 가상 화폐를 현실에서 현금처럼 사용할 수 있다는 것을 보여 준 특별한 사건이라고 할 수 있어요.

그런데 비트코인은 다른 가상 화폐와 분명하게 구별되는 특징이 있습니다. 보통 가상 화폐는 정부가 발행하지 않고, 정부의 통제도 받지 않고, 특정한 가상 공간에서 통용돼요. 게임 머니는 발행과 거래를 보증하는 '제삼자'가 있죠. 하지만 비트코인은 중앙은행이나 개발자와 같이 화폐의 발행과 거래를 보증하는 제삼자 없이 '당사자 간 직접 거래' 방식으로 분산 저장되고, 운영되며, 관리됩니다. 즉, 비트코인은 탈중앙화된 화폐라는 점에서 정부가 발행하고 관리하는 법화뿐만 아니라 민간이 개발하고 관리하는 게임 머니 같은 가상 화폐와도 구별돼요.

아니, 보증하는 존재가 따로 없는데 어떻게 발행과 거래를 할 수 있는 걸까요? 바로 '블록체인'이라는 기술 덕분이에요. 이 기술로 암호화되어 있어서 제삼자의 보증 없이도 화폐가 발행되고 관리되는 것이죠. 암호화 기술에 기반하는 특성을 강조하기 위해 비트코인과 같은 가상 화폐를 '암호화폐'라고 부릅니다.

이런 특성을 종합하면 비트코인과 같은 암호화폐는 물리적

실체가 존재하지 않는 전자 파일 형태로 존재한다는 점에서 디지털 화폐의 일종이고, 정부 또는 발행 기관이 그 가치를 보장하지는 않으며 단지 인터넷과 같은 가상 공간에서 사용자 사이에서만 그 가치가 인정된다는 점에서 법화와 구별돼요.

또 블록체인 기술을 통해 현실 세계의 발행 및 운영 주체, 즉 기업이나 개인과 같은 제삼자 없이 화폐가 발행되고 관리된다는 점에서 다른 가상 화폐와 구별되고요.

비트코인은 법화와 게임 머니와도 구별되는 화폐다.

중앙 집권적인 화폐 시스템에 맞선 암호화폐 탄생기

비트코인과 같은 화폐, 정확하게 말하면 암호에 기반한 디지털 분산 방식의 화폐 시스템은 어떻게 만들어졌을까요? 비트코인 시스템을 처음으로 언급하고 이를 설계한 사람은 나카모토 사토시(Nakamoto Satoshi)라는 필명의 프로그래머입니다.

2008년 서브프라임 모기지 사태로 전 세계적인 금융 위기가 발생했어요. 이를 해결하는 과정에서 중앙은행이 화폐를 발행해 통화량을 늘리는 양적 완화 정책을 시행했죠. 그 결과 국가 재정이 방만하게 운영되고 화폐 가치가 떨어지고 말았어요. 한편으로는 은행과 카드 회사 등으로 구성된 복잡한 금융 거래 시스템을 이용할 경우, 국가 간 거래의 처리 속도가 느리고, 높은 거래 수수료가 발생하며 해킹 위험에 쉽게 노출되는 문제점이 발생했어요.

사토시는 국제 금융 위기를 일으킨 주범으로 지목된 대형 은행과 투자 기관, 중앙은행을 비판하면서 정부가 통제하는 중앙

나카모토 사토시

사토시는 2008년 10월, 「비트코인: P2P 전자 화폐 시스템」이라는 논문에서 비트코인에 대해 처음으로 공개적으로 언급했다. 그의 정체에 대해서는 아직 정확히 알려진 바가 없다. 2016년부터 호주의 컴퓨터 공학자인 크레이그 라이트(Craig Wright)가 자신이 사토시라고 주장해 왔지만, 이를 명확히 입증할 자료를 내놓지 못하고 있다.

집권적인 화폐 시스템을 대신할 새로운 대안적인 화폐 시스템으로 비트코인을 설계합니다. 비트코인을 설계한 논문에서 "P2P 버전의 전자 화폐는 금융 기관의 중개 없이도 온라인 결제 수단이 거래 당사자에게 직접 전달될 수 있도록 할 것이다."라고 밝혔듯이, 그는 새로운 화폐 시스템이 기존 금융 거래에서 발생하는 높은 수수료를 줄이고 거래의 효율성을 높일 수 있다고 보았어요. 다시 말해 금융 위기로 일어난 금융 시스템의 혼란 속에서 특정한 국가나 발행자와 같은 중앙 중재자 없이 누구나 암호화폐를 발행하고 안정적으로 거래할 수 있는 대안적인 시스템을 만들고자 하는 의도에서 비트코인 시스템이 등장한 거예요.

P2P
인터넷상에서 개인과 다른 사용자의 컴퓨터에 접속해 파일을 공유하는 시스템이다.

앞서 비트코인은 블록체인 기술을 통해 제삼자의 보증 없이도 화폐를 발행하고 관리하며 거래를 안전하게 유지할 수 있다고 했죠. 블록체인은 비트코인의 거래 내용을 기록한 일종의 전자 장부예요. 블록(block)은 이 거래 장부를 구성하는 한 쪽짜리 데이터라고 할 수 있어요. 거래 내용이 기록된 기존 블록에 새로운 거래 내용을 담은 블록이 추가되어 사슬(chain)

처럼 연결되기 때문에 '블록체인'이라고 부릅니다.

거래 내용을 담은 블록들이 '해시 함수'라는 암호 알고리즘에 의해 연결되고, 이전 블록의 해시값이 현재 블록을 생성하는 데 영향을 주죠. 중간에 거래 내용을 조작하면, 이후에 만들어지는 블록의 해시값과 마찰이 생겨 블록이 생성되지 않기 때문에 사실상 데이터 조작이 불가능해요.

블록체인은 거래 정보를 특정 기관의 중앙 서버가 아닌 온라인 P2P 네트워크에 분산해서 기록하고 보관해요. 이처럼 모든 거래 장부를 네트워크 참여자에게 공개하고 분산해 관리하기 때문에 기존 은행 같은 중앙 관리 시스템이 아예 없습니다.

여러분이 친구에게 돈을 보낼 때 은행 사이트에 로그인해서 송금액과 친구의 계좌 정보, 그리고 공인 인증서나 OTP 등의 비밀번호를 입력한 후 확인 버튼을 누르면, 여러분의 계좌에서 송금한 돈이 차감되고 친구의 계좌에 송금한 돈이 더해져요. 이 거래에 필요한 모든 확인 과정은 거래의 당사자인 여러분이 아니라 은행에서 이루어지고, 그 기록도 은행 서버에 저장되어 외부로 공개되지 않아요. 이때는 사용자가 은행을 믿을 수밖에 없죠. 더군다나 이 거래 과정에서 모든 거래 정보 내용이 은행에 집중돼요.

기존 거래 방식과 블록체인 거래 방식의 차이

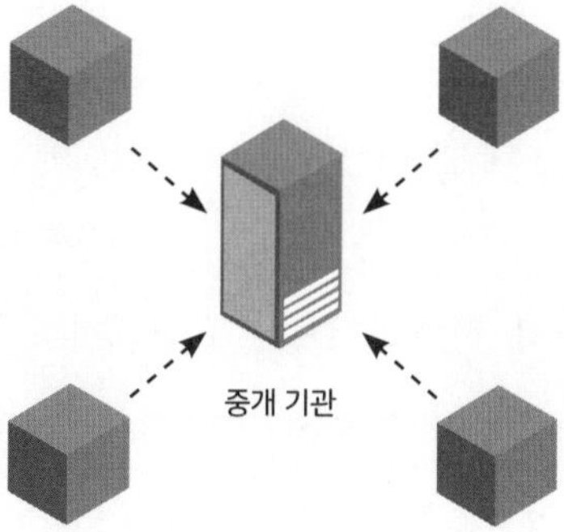

〈기존 거래 방식〉

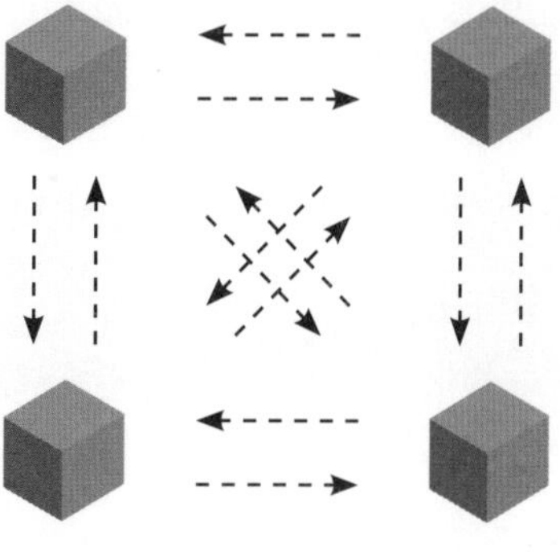

〈블록체인 방식〉

만일 은행 서버가 정상적으로 작동하지 않거나 은행 서버에 저장된 거래 기록이 해킹으로 사라지면 여러분의 계좌에 있는 돈도 사라지고 말겠죠. 물론 기존 은행 시스템은 이중·삼중 보안이 되어 있어서 작동 오류나 해킹과 같은 일이 쉽게 일어나지 않아요. 하지만 이러한 방식으로 보안 시스템을 설치하고 관리하는 데 큰 비용이 들기 마련이에요.

블록체인은 보안 문제를 훨씬 적은 비용으로 해결할 수 있습니다. 바로 거래 정보를 모두에게 공개하고 그 거래 정보를 모두가 복사해 나누어 저장한 다음 거래 내용을 동기화시키는 거예요. 장부가 한곳에 집중적으로 저장되지 않고 네트워크에 참여하는 수많은 참여자가 나누어 보관한다면, 거래 기록이 사라지는 일 자체를 근본적으로 막을 수 있어요. 한 곳의 장부가 사라져도 수많은 사본이 네트워크에 남아 있으니까요.

이처럼 블록체인에 기반한 암호화폐 시스템은 암호화와 분산 저장 방식으로 위조나 해킹의 위험에서 벗어나 안전한 거래를 가능하게 합니다.

암호화폐의 매력은 비용과 속도에 있다

블록체인 기술에 기반한 암호화폐 시스템이 기존 법정 화폐 시스템과 비교해 더 나은 점은 무엇일까요?

무엇보다 거래 비용을 획기적으로 낮출 수 있습니다. 공인된 제삼자가 필요 없으므로 거래를 검증하고 결과를 보관하는 데 드는 시간과 비용(수수료)을 줄일 수 있죠. 특히 해외 송금을 할 때 암호화폐 시스템을 활용하면, 기존 해외 송금처럼 중개 은행 등의 환 거래 네트워크가 필요하지 않아 비용과 속도 면에서 경쟁력이 있어요.

실제로 은행들은 스위프트(SWIFT) 네트워크를 통해 해외 송금을 하고 있습니다. 여러 은행을 거치며 환전 및 송금하는 과정에서 수수료가 많이 들고, 최소 하루에서 길면 5일까지 시간이 걸리기도 해요. 그런데 암호화폐 시스템을 활용하면, 해외 송금이 수초 내에 이루어지죠. 가령 한국에서 태국으로 돈을 보낼 때 일반적으로는 원화를 달러로 환전하고 달러를 밧화로 환전하는 과정을 거치지만, 암호화폐를 활용하면 원화를 암호화폐로 바꾸고 암호화폐를 밧화로 바꾸면 됩니다.

또 암호화폐는 기존 법정 화폐 시스템과 달리, 국가가 마음

암호화폐로 해외 송금을 진행하면, 중개 은행의 환 거래 네트워크 과정이 생략되어 송금 시간을 절약할 수 있다.

대로 그 공급을 늘릴 수 없습니다. 실제 비트코인도 채굴량이 총 2100만 개로 정해져 있어요. 따라서 암호화폐는 화폐 공급량이 늘어나 화폐 가치가 떨어지는 인플레이션의 위험을 막을 수 있죠.

기존 법정 화폐 시스템을 블록체인에 기반한 암호화폐 시스템으로 대체해야 한다고 주장하는 사람들은 법정 화폐 시스템에서는 정부가 화폐 공급량을 마음대로 늘려 국가의 부채(채권)를 매입하게 되면 국가 재정이 방만하게 운영되어 인플레이션이 발생할 수도 있다고 비판합니다. 화폐 가치가 떨어지면 화폐와 금융 시스템을 믿지 못하게 된 사람들이 한꺼번에 예금을 인출하는 사태가 벌어져 기존 금융 시스템이 무너질 수 있거든요.

2012년 그리스 국가 부도 사태의 여파로 2013년 구제 금융을 신청한 키프로스 정부는 국민의 예금 인출을 제한하고 예금액에 따라 세금을 물리겠다고 발표했어요. 그러자 불안해진 국민들이 앞다투어 은행으로 달려가 예금을 인출하는 사태가 일어났죠. 그리고 이 사태를 지켜본 사람들은 기존 현금과 예금보다 더 신뢰할 만한 자산으로 보이는 비트코인을 대거 사들였어요. 2008년 국제 금융 위기, 2011년 그리스 국가 부도, 2016년 베네수엘라 초인플레이션, 2017년 짐바브웨의 2차 통화 위기 등 기존 화폐와 금융 시스템의 위기가 반복되고 심화될 때마다 사람들은 안전한 가치를 지닌 화폐나 자산을 선호했어요. 중앙은행과 정부 주도의 통화 정책에서 비롯한 각종 문제를 암호화폐가 해결할 수 있다는 기대감이 있는 거죠.

마지막으로 암호화폐는 기존 화폐와 달리 새로운 화폐를 인쇄하거나 만들 필요가 없어요. 또 화폐를 가지고 다닐 필요가 없으며, 무엇보다 국적이 없으므로 누구나 세계 어느 곳에서든지 현지 화폐로 바꾸지 않고 사용할 가능성을 가졌다는 장점이 있습니다.

암호화폐가 기존 화폐 시스템을 대체할 수 있을까?

암호화폐라는 혁신적인 아이디어를 온라인 시스템으로 구축한 지 10여 년이 지났지만, 여전히 이를 의심의 눈초리로 지켜보는 사람들이 많습니다. 물론 암호화폐의 가능성을 믿고 투자하는 사람들은 암호화폐가 미래 화폐 시스템으로 자리 잡을 수 있다고 믿지만, 암호화폐 시스템이 정말 기존 화폐를 대체할 수 있을지 그리고 믿을 만한 투자 대상인지에 대해서는 여전히 의구심이 남는 것이죠.

무엇보다 현재 비트코인과 같은 암호화폐는 지불 수단으로써 기존 화폐를 대신하지 못합니다. 암호화폐가 지불 수단으로 확장되려면, 편의성과 수용성을 함께 갖추어야 해요. 웹사이트 '코인맵'에 따르면, 2021년 5월을 기준으로 비트코인을 지불(결제) 수단으로 받겠다는 상점 수는 전 세계에서 2만 2282개예요. 계속 늘고 있지만 아직 미흡한 수준이죠.

오히려 암호화폐는 화폐라기보다 마치 주식처럼 투자 대상이 되고 있습니다. 우리나라에서 암호화폐 거래가 본격적으로 시작된 2015년에는 거래액이 5800억 원이었으나 2017년에는 619조 7000억 원, 2018년에는 936조 4000억 원으로 증가했어요. 2020년에도 약 356조 2056억 원어치가 거래된 데 이어 2021년 2월까지 약 445조 221억 원어치가 거래되었죠. 그래서 한국은행에서는 비트코인을 암호화폐가 아니라 '암호 자산'으로 분류하고 있어요.

암호화폐가 지불 수단으로 확장되지 못하는 가장 큰 이유는 가치 변동이 너무 심하기 때문입니다. 2010년 1페니에 거래되었던 비트코인은 2020년 코로나19 사태 초기에 1만 달러를 넘었어요. 무려 100만 배 이상 오른 셈이죠. 2021년 4월에는 무려 6만 달러 이상까지 치솟다가 5월 중순에는 3만 달러 초반대까지 떨어졌어요.

만약 비트코인의 가치가 계속해서 상승할 경우 지불 수단으로 널리 사용될 가능성은 더 낮아져요. 가치가 상승할수록 사람들은 비트코인을 지불 수단으로 사용하기보다 자산으로 보유하려고 하기 때문이에요.

그렇다면 비트코인과 같은 암호화폐는 안전한 가치 저장 수단이 될 수 있을까요? 현재로선 매우 불안정해 보입니다. 시장 상황에 따라 암호화폐의 가격이 급격히 오르내릴 수 있고, 시장에 투기성 자금이 유입되면 그 변동이 더 심해져 위험성이 높아질 수 있기 때문이에요. 2020년 12월, 세계적인

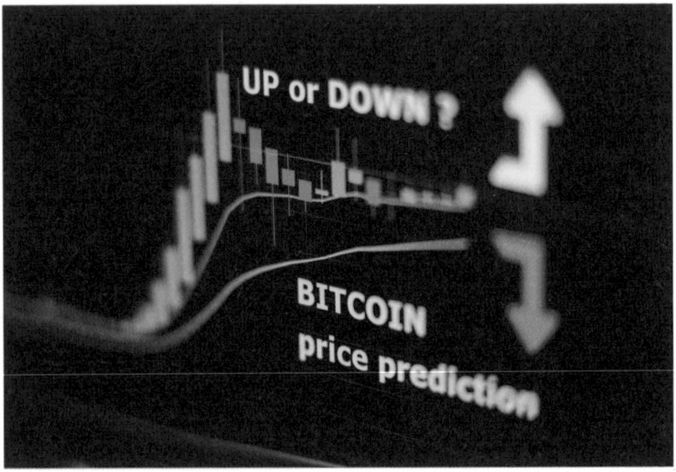

비트코인과 같은 암호화폐는 안전한 가치 저장 수단이 되기에는 변동성이 크다는 문제점이 있다.

미디어 기업 포브스의 회장 스티브 포브스(Steve Forbes)도 비트코인에 관해 너무 큰 변동성을 이유로 들며 "금과 같이 장기적인 가치 저장 수단이 되기에는 한계가 있다."라고 지적했어요.

가치 저장 수단
화폐는 시간이 지나도 재화와 서비스를 구매할 수 있는 기능을 보관하는 수단으로 기능할 수 있다. 화폐 이외에 금이나 은과 같은 귀금속, 주식, 부동산도 가치 저장의 수단이 될 수 있다.

또 암호화폐는 일부 거래 참여자들에게 집중되어 있다 보니, 가격 조작이나 내부 정보를 이용한 거래 가능성이 계속 제기되고 있어요. 그뿐만 아니라 암호화폐 거래소의 투명성이 낮고 보안도 취약하다는 문제점이 있고요. 최근 주요 암호화폐 거래소가 해킹된 사건이 여러 차례 발생했거든요. 2018년 일본과 이탈리아의 거래소에서 해킹으로 각각 5700억 원, 1921억 원 상당의 암호화폐를 빼앗겼어요. 2019년 5월에 중국 거래소에서 해킹으로 555억 원 상당의 피해가 발생했고, 같은 해 11월 우리나라 거래소도 580억 원 상당의 피해를 보았죠.

암호화폐가 계산 단위로는 제대로 기능할 수 있을까요? 현재와 같이 가치 변동이 큰 상황에서는 암호화폐를 단위로 한 가격 표시를 하기 어려워 보여요. 매일매일 가격이 오르내린다면 가격 표시판도 매일매일 바꿔야 하므로 비트코인의 가치가 안정되지 않는 한 계산 단위로 기능하기 어렵겠죠.

이렇듯 현재 상황에서는 암호화폐가 기존 화폐를 대체할 것으로 보이지 않지만, 향후 암호화폐의 수용성이 확장되고 가치가 안정되고 위험성이 개선된다면 지불 수단과 가치 저장 수단으로 활용될 가능성을 배제하기는 어렵습니다. 특히 앞으로의 경제 생태계가 가상 공간을 중심으로 조성되고, 그 가상 공간 속에서 거래가 활발하게 이루어진다면 암호화폐가 기존 화폐를 대체할 가능성이 커지겠죠.

마지막으로 암호화폐가 지불 · 가치 저장 · 계산 단위의 수단으로 그 단점을 극복해 기존 화폐를 대체할 가능성이 있다고 하더라도 해결해야 할 또 다른 문제가 있어요. 암호화폐는 거래할 때 개인 정보가 노출되지 않아 현금보다 자금 세탁을 하거나 수사 당국의 자금 추적을 피하기 쉬워요. 우리나라에서도 인터넷 암시장에서 비트코인으로 마약이나 성 착취물을 거래하다가 적발된 사건이 있었죠.

이처럼 암호화폐가 기존 화폐를 대체하려면 범죄에 악용될 수 있는 문제점도 해결해야 합니다.

자금 세탁
기업 비자금을 비롯해 범죄나 탈세, 뇌물 등 불법 활동으로 만들어진 돈을 여러 방법을 통해 정당한 돈으로 탈바꿈해 자금 출처의 추적을 어렵게 하는 행위다.

놓치지 마요

암호화폐 핫&이슈 ▼

페이스북의 암호화폐 발행 계획

페이스북은 2019년 6월 18일, 블록체인을 기반으로 하는 암호화폐인 '리브라(Libra)'를 2020년에 발행할 계획이라고 발표했다. 업계는 리브라가 출시되면 수십억의 페이스북 이용자를 고려할 때 그 영향력이 매우 클 것으로 전망했다. 그러나 페이스북의 화폐 발행 소식에 세계 각국이 우려하며 규제와 압박을 가하자 전략을 바꿔 2020년 12월 1일, '디엠(Diem)'으로 개명하고 스위스 당국에 디엠 발행 허가를 요청한 상태다.

전 세계 중앙은행의 디지털 화폐(CBDC) 발행

CBDC는 지폐, 주화 같은 실물 법정 통화를 눈에 보이지 않는 전자적 형태로 전환한 개념이다. 중국은 2020년 10월 CBDC를 발행해 상용화에 들어갔고, 미국, 스웨덴, 캐나다, 영국, 일본, 유럽 연합, 스위스 등 여러 나라의 중앙은행 역시 CBDC의 발행을 검토하고 있다. 우리나라 한국은행도 2021년에 실험 유통할 계획이다.

암호화폐의 제도화를 담은 특정금융정보법 개정안

2020년 3월, 국회를 통과한 '특정 금융거래정보의 보고 및 이용 등에 관한 법률 개정안'이 2021년 3월부터 시행된다. 이 개정안은 암호화폐(가상 자산)를 금융 상품으로 규정해 규제 대상에 포함했고, 이용자 보호에 도움이 될 수 있는 규정도 도입했다.

암 호 화 폐 토 론

암호화폐가 기존의 법정 화폐를 대체할 수 있을까?

○ 찬성 ○

1. 암호화폐는 각 국가의 통화들에 비해 우월한 교환 수단이다

암호화폐는 금융 거래 수수료가 낮고, 결제 네트워크에서 사용자의 신분 정보가 불필요하게 공개되는 일도 없다. 또 암호화폐는 대량으로 쉽게 저장할 수 있고 몇 분 안에 전 세계로 이동할 수 있다.

2. 가격을 표시하는 계산 단위의 기능을 잘 수행할 수 있다

암호화폐는 1센트보다 적은 돈으로도 나눌 수 있다. 컴퓨터의 효율적인 계산을 통해 어떠한 양으로도 나눌 수 있어서 충분히 계산 단위로 기능할 수 있다.

3. 암호화폐는 가치를 저장하기에 좋은 시스템을 갖추고 있다

암호화폐 시스템을 제대로 활용하면 다른 개인이나 기관이 사용자의 화폐를 쉽게 압수하거나 훔칠 수 없다. 또 비트코인의 경우 최대 공급량이 한정되어 있어서 통화량 증가로 가치가 떨어질 가능성이 없으므로 좋은 가치 저장 수단이다.

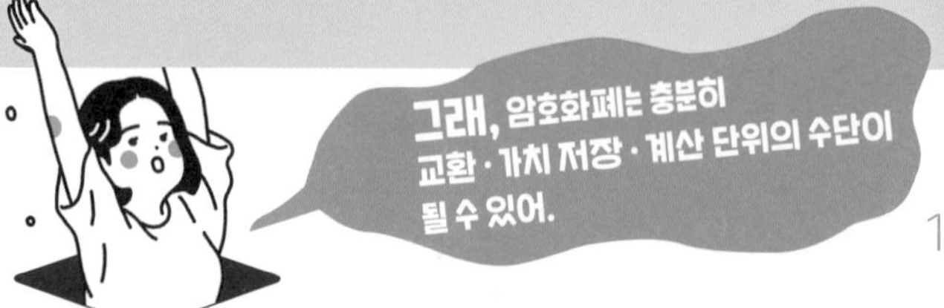

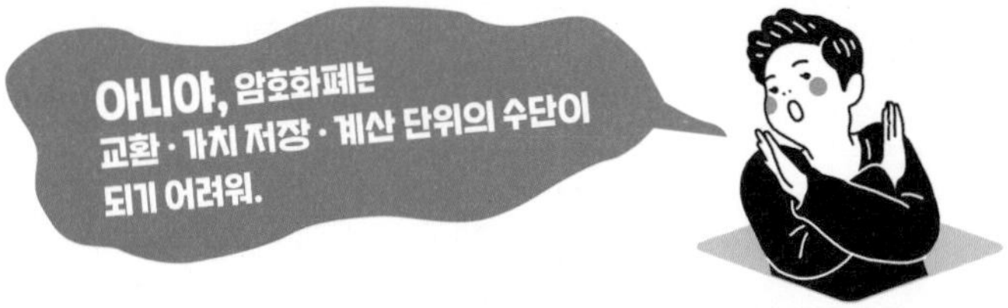

✖ 반대 ✖

1. 암호화폐는 아직 교환 수단으로 충분하지 않다

아직은 암호화폐로 생활에 필요한 모든 재화와 서비스를 사기 어렵다. 또 암호화폐 거래소가 늘고 암호화폐의 가치와 거래량이 증가했지만, 교환 수단으로 암호화폐를 활용하는 경우는 여전히 제한적이다.

2. 가격을 표시하는 계산 단위의 기능을 잘 수행하기 어렵다

현재 암호화폐는 가격의 변동성이 너무 크다. 비트코인처럼 사전에 공급량이 정해져 있는데 수요가 불안정하면 가격의 불안정성을 해소하기 어렵기 때문이다.

3. 법정 화폐에 비해 가치 저장 수단으로 경쟁력을 갖기 어렵다

'디지털 금'이라고 불리는 비트코인과 현재 법정 화폐를 비교해 보면 법정 화폐가 여전히 유동성(현금화 가능성)이 더 높다. 현재 암호화폐는 높은 가격 변동성으로 인해 가치의 안정성을 확보하기 어렵다.

5

언택트

생각 열기 툰

SELF OLDERING SYSTEM
오늘은 먹어 보자.
할머니,
제가 도와드릴까요?

우리가 행복하게 만날 방법이 분명히 있을 거야.

편리한 단절일까, 새로운 연결일까

장례식은 5분 이내에 드라이브 스루로 진행됩니다

2020년 4월, 스페인 마드리드에 있는 라알무데나 화장터에는 15분마다 운구차가 들어왔습니다. 운전자가 관이 실린 트렁크를 열면 기다리던 가톨릭 사제가 고인을 위해 기도합니다. 가톨릭 인구가 많은 스페인에서는 일반적으로 장례식장에서 사제가 고인을 위해 축복 기도를 해 주지만, 이번에는 상황이 달랐어요. 코로나19 사태로 사망자가 급증하면서 5분 만에 끝나는 드라이브 스루 장례식이 진행되는 지경에

드라이브 스루
자동차에 탄 채로 음식이나 물건을 사는 등 볼일을 볼 수 있는 시스템을 가리킨다. 코로나19 사태 이후로 바이러스 검사를 드라이브 스루로 진행하는 등 더욱 다양하게 활용되고 있다.

스페인 마드리드의 라알무데나 화장터에서 드라이브 스루 장례식이 진행되는 장면. _CNN 뉴스 화면

이르렀기 때문이에요.

장례식은 평소 고인을 알고 지내던 사람들이 모여 슬픔과 애도를 표현하는 공간으로, 동서양 할 것 없이 보편적으로 매우 중요한 의식이라고 할 수 있어요. 우리나라에서도 "결혼식에는 못 가도 장례식에는 가야 한다."라고 이야기할 만큼 어려운 일을 당했을 때 가족을 잃은 슬픔을 위로하는 장례 문화를 중요하게 여기죠.

그런데 그런 장례식을 드라이브 스루로 간단하게 진행하다니, 사랑하는 가족을 갑자기 떠나보내며 작별을 위한 포옹은 커녕 눈물을 흘릴 시간도, 슬픔을 나눌 사람도 부족했던 이들에게는 견디기 힘든 시간이었을 거예요. 하지만 당시 스페인은 코로나19 감염자가 세계에서 두 번째로 많았으며, 사망자가 1만 명을 넘어서 시신을 보관할 장소마저 부족했으니 안타깝지만 어쩔 수 없는 상황이었죠.

'언택트(untact)'라는 말로 대표되는 이러한 문화는 감염병 사태가 해결되면 사라질 일시적인 현상일까요? 그런데 놀라운 것은 드라이브 스루 장례식이 코로나19 사태 이전에도 이미 존재했다는 사실입니다. 그것도 우리와 가까운 일본에서요. 일본 나가노현에서는 2017년 12월부터 조문객이 차에 탄 채 접수대에 비치된 태블릿 PC의 방명록에 이름을 입력하고 조의를 표하는 방식의 드라이브 스루 조문이 시행되었어요. 유족이 장례식장 안에서 모니터로 누가 조문하러 왔는지를 볼 수 있는 방식이죠. 이 사례를 통해 우리는 언택트 문화가 단순히 코로나19 사태 때문에 생겨난 것이 아님을 알 수 있습니다.

이러한 비대면 방식의 상호 작용은 어떻게 등장하게 된 것일까요?

접촉이 아니라 접속으로 이루어지는 초연결의 시대

'비대면'을 의미하는 언택트는 오늘날 새롭게 등장한 개념이 아닙니다. '접촉'을 의미하는 영어 단어 'contact'에 부정을 의미하는 접두어 'un-'이 붙어 '접촉하지 않는다'라는 의미를 가진 이 용어는 코로나19 사태 전부터 쓰였죠.

우리나라에서 이 용어가 처음 사용된 것은 2017년에 발간된 『트렌드 코리아 2018』이라는 책에서였는데, 사실 언택트는 우리나라에서 주로 사용하는 표현이에요. 영어권 국가에서는 'contactless'나 'non-contact', 'no-touch' 등의 용어를 주로 사용하죠. 용어는 조금씩 다르지만, 모두 직접적인 접촉이 이루어지지 않는 '비대면 접촉'이라는 의미를 담고 있어요. 그렇다면 사람들이 대면하지 않고 교류하는 문화, 언택트는 언제부터 어떻게 등장했을까요?

우리는 그동안 일하거나 공부할 때는 출퇴근하거나 등하교를 하는 문화에 익숙했어요. 재택근무가 있긴 했지만 소수의 사람이나 특별한 경우에만 한정되었지, 대부분 일터나 학교에 나가서 사람들과 직접 만나야 했죠. 무려 40여 년 전인 1980년에 『제3의 물결』에서 앨빈 토플러(Alvin Toffler)가 정보화로

유연 근무제
노동자가 근무 시간과 형태 등을 유연하게 운영할 수 있는 제도를 말한다. 탄력적 근무제, 선택적 근무 시간제, 재택근무, 원격 근무 등 다양한 유형이 있다.

인해 재택근무가 가능하다는 이야기를 썼지만, 우리나라의 현실은 그렇지 않았습니다. 세계적인 IT 강국으로 이름을 떨치면서도 2019년 통계청 조사에 따르면, 유연 근무제를 경험한 노동자는 221만 5000명으로 그중에서도 재택근무나 원격 근무를 경험한 노동자는 4.3퍼센트에 불과했어요. 서로 얼굴을 보며 일하고, 야근하고, 회식까지 즐기며 친밀성을 강조해 온 우리나라의 조직 문화에서는 재택근무가 낯설고 비효율적으로 느껴졌겠죠.

하지만 인터넷 뱅킹과 온라인 쇼핑몰의 급격한 성장으로 알 수 있듯이 우리나라에서도 비대면 마케팅이 서서히 늘어나고 있어요. 많은 사람이 언택트의 확산 요인으로 꼽는 것은 1인 가구 증가 및 고령화 등 인구 구조 변화와 디지털 기술 발전입니다. 혼자 밥을 먹거나 쇼핑하는 1인 가구, 특히 청년 1인 가구는 스마트폰과 온라인 쇼핑에 익숙하다는 점에서 언택트 문화를 더욱 편하게 받아들일 가능성이 컸어요.

1인 가구의 증가뿐 아니라 노인 인구의 증가 역시 언택트 문화를 확산시키는 요인이에요. 노인 인구는 상대적으로 디지

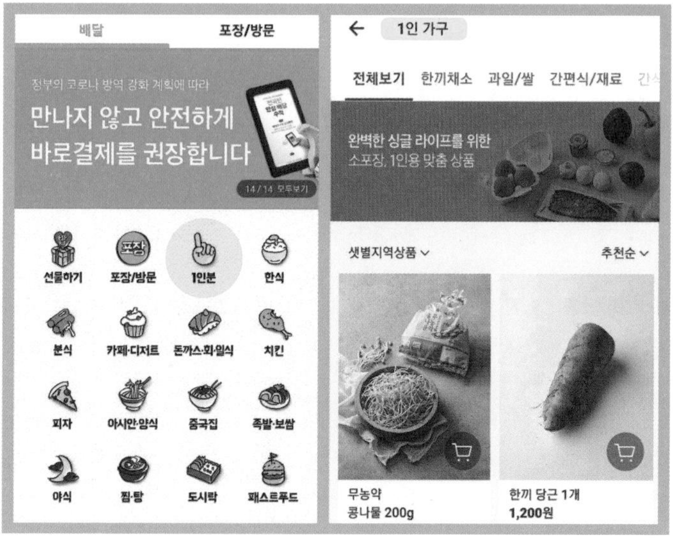

일상적으로 이용하는 온라인 플랫폼에서도 1인 가구를 위한 카테고리를 쉽게 찾아볼 수 있다. _배달의민족과 마켓컬리 애플리케이션 화면

털 기술에 취약하기에 언택트와 거리가 멀다고 생각하기 쉬워요. 하지만 거동이 불편한 노약자는 오히려 비대면 서비스가 더욱 필요하죠. 몸이 아픈데도 병원에 갈 수 없거나 직접 생필품을 구하러 상점에 들를 수 없는 상황을 상상한다면 이해될 거예요.

실제로 앞서 이야기했던 일본의 드라이브 스루 조문은 고령화 현실 속에서 노약자를 배려하기 위해 등장했어요. 드라이브 스루 조문을 도입한 장례 업체 측은 거동이 불편한 장애인이나 노인들, 체력적인 부담으로 장례식에 참석하기 힘든 노인들을 위해 이런 방안을 도입했으며 앞으로 이러한 문화가 더욱 확산될 거라고 말했죠.

그러나 1인 가구와 노인 인구의 증가라는 요인이 있었다고 해도 기술적인 발전이 없었다면 이러한 변화는 불가능했을 거예요. 사람들을 직접 만나지 않은 채 음식과 옷을 주문하고, 은행 업무를 처리하고, 새로운 친구를 사귀고, 지식을 습득하는 일은 모두 디지털 기술의 토대 위에서 가능했으니까요. 그런 점에서 우리는 언택트가 아니라 '온택트'의 시대를 살고 있다고 볼 수도 있어요.

이와 관련해 어떤 사람들은 오늘날의 상황을 '접촉'이 아니라 '접속'의 시대 또는 '초연결'의 시대라고 말하기도 합니다. 흔히 언택트라고 하면 '단절'을 떠올리기 쉽지만, 사실 우리는 사람, 사물, 데이터 등 모든 것이 인터넷을 기반으로 훨씬 더 촘촘하고 긴밀하게 연결된 사회에 살고 있어요. 얼굴을 직접 보지 않

온택트
비대면을 일컫는 '언택트'에 온라인을 통한 외부와의 '연결(on)'을 더한 개념으로, 온라인을 통해 대면하는 방식을 말한다.

을 뿐 서로에 대해 더 많은 정보를 얻는 셈이죠. 역설적으로 그러한 상상을 초월한 연결 고리 때문에 언택트라는 비대면 문화가 가능하다는 거예요.

이러한 언택트의 확산은 앞으로 우리의 삶을 어떻게 바꿔 놓을까요?

출퇴근하는 대신 집이나 카페에서, 관계 대신 업무 중심으로

인구 구조의 변화와 디지털 기술의 발달로 서서히 확대되던 언택트 문화는 코로나19 사태를 계기로 급속히 퍼져 나가기 시작했습니다. 그렇다면 코로나19 사태는 단순히 언택트의 비중을 키우는 계기에 불과할까요? 아니면 언택트의 양적 증가가 질적인 변화도 가져오게 될까요?

전자 상거래나 인터넷 뱅킹 등의 언택트는 이전에도 보편화되어 있었지만, 코로나19 사태는 대면 접촉이 필수적이라고 생각되던 영역의 경계마저 허물고 있어요. 사람을 채용하고, 시험을 치르고, 중요한 계약이나 회의를 하고, 학교에서 수업을 듣고, 병원에서 진료받는 일 등은 아무래도 직접 만나서 얼굴을 보고 해야 한다는 인식이 있었죠. 하지만 이제 상황이 달

코로나19 사태로 인해 일상의 장면이 완전히 달라졌다.

라졌어요.

2020년 5월, 삼성전자는 사상 처음으로 공채 시험인 직무 적성 검사와 신입 사원 연수를 온라인으로 진행했어요. 트위터는 코로나19 사태가 종식되어도 직원이 희망한다면 영구 재택근무를 허용하겠다고 선언했고, 페이스북 역시 앞으로 5~10년 이내에 전 직원의 50퍼센트가 원격 근무를 할 수 있는 계획을 세우고 있다고 밝혔어요. 학교 수업도 온라인으로 진행되었고 원격 의료에 대한 논의도 활발해지고 있고요. 이렇게 코로나19의 확산이라는 불가항력적인 상황은 우리 삶의 전 영역을 언택트화할 수밖에 없도록 만들었습니다.

경제적 영역을 중심으로 살펴보자면, 기업의 조직 문화, 소통 방식, 산업 구조, 생산과 마케팅, 소비 방식 등 모든 것이 달라졌죠. 특히 코로나19 사태를 계기로 업무 방식의 전환을 모색하는 기업이 늘어났어요. 위계적이고 수직적인 조직 문화에서 탈피하려고 애쓰던 기업들에 코로나19 사태가 의도치 않은 혁신의 기회를 준 거예요.

원격 의료
환자가 병원을 방문하지 않고 통신 기기를 이용해 의사의 진료를 받을 수 있는 서비스다. 현재 일본과 중국, 미국, 독일 등은 원격 의료를 허용하고 있다.

정해진 시간에 정해진 공간으로 출퇴근하지 않는다는 것만으로 어떻게 조직 문화가 바뀌고 혁신의 기회가 생긴다는 걸까요? 회사에 출근해서 근무할 때는 일뿐만 아니라 직장 동료나 상사와의 관계가 무척 중요합니다. 출퇴근 시간과 근무 장소를 지키는 일에도 신경 써야 하죠. 하지만 집이나 카페에서 원격 근무를 하는 비중이 커지면 인간관계나 근무 시간 및 장소보다는 일 자체의 중요성이 더 커질 수 있어요. 회사 사람들과 직접 얼굴을 보며 끈끈한 관계를 맺기가 어려워지고, 형식적으로 시간과 자리를 지켜야 할 필요도 없어지니까요. 결국 비대면 근무 상황에서는 생산성과 업무 성과를 평가하는 방식이 달라질 것이고, 이는 일을 바라보는 관점과 조직 내의 문화를 바꾸는 계기가 될 수 있어요.

의사소통 방식 역시 달라집니다. 대면 근무보다 메일이나 메신저 같은 문자를 활용하는 비중이 더 높아지고 화상 회의도 활성화되겠죠. 이렇게 되면 회의 분위기, 상대방의 표정이나 몸짓 등을 통해 알 수 있었던 비언어적 정보를 쉽게 알아차리지 못하게 되어 오해가 생길 수도 있어요. 하지만 타인의 감정을 추측해서 정보를 얻어야 하는 부담이 줄어들고, 좀 더 명확하게 자신의 의사를 전달하는 문화가 자리 잡을 가능성도 있죠.

언택트는 산업 구조, 생산과 마케팅, 소비 방식에도 많은 변화를 일으켰습니다. 예전에도 소비자들이 제품의 생산자와 직접 접촉하는 일은 드물었죠. 우리가 식당에서 음식을 주문해도 오픈형 주방이 아닌 이상 요리사를 직접 만나지는 않으니까요. 대신 주문을 받거나 제품을 전달하는 서비스업에 종사하는 사람들이 생산자와 소비자를 연결해 주었어요. 하지만 언택트 문화가 확산되면서 소비자는 제품을 배송하는 택배사 직원이나 주문을 받는 음식점 직원, 물건을 파는 상점 직원들과도 직접 접촉할 필요가 없어졌어요. 대신 무인 택배함을 이용하거나 키오스크를 활용해 음식을 주문하죠. 터치스크린을 통해 제품을 선택하고 결제까지 마치는 키오스크는 패스트푸드 매장에서나 볼 수 있었지만, 이제는 일반 음식점에서도 쉽게 찾아볼 수 있습니다. 이런 비대면 · 비접촉 방식의 무인 서비스가 자리 잡는다면, 과거 사람들이 하던 업무 중 상당수는 로봇이나 키오스크가 대신하게 되고 직업 세계와 산업 구조 역시 달라질 수밖에 없지 않을까요?

많은 사람이 코로나19 사태 이후의 세계는 그 이전과 같을 수 없다며 '포스트 코로나'에 대해 이야기합니다. 이미 보건, 환경 관련 산업은 물론 '배송 대란'이라 불릴 만큼 물류 · 유통 산업의 수요가 증가했어요. 온라인상의 교육과 재택근무가 증가할수록 이를 지원할 수 있는 소프트웨어를 생산하는 IT 기업의 중요성도 더욱 커질 거예요. 사생활 유출이나 정보 보호 문제에 대비해 사이버 보안과 관련된 산업도 활성화될 가능성이 크죠. 반면 반복적으로 수행할 수 있는 업무는 로봇이나 기계가 대신하게 되면서 기존의 산업이 축소되거나 일자리가 사라질 수도 있습니다.

어떤 쪽이든 우리의 삶 속에서 언택트가 차지하는 비중은

소비자와 서비스 제공자가 만나지 않아도 거래가 이루어지는 소비 형태는 앞으로 더욱 발달할 것이다.

점점 늘어날 가능성이 큽니다. 직접 대면하지 않는 삶은 우리에게 어떤 긍정적인 변화를 가져다줄까요?

비대면 문화가 가져올 수 있는 긍정적 변화

"생산직을 제외한 전 직원을 재택근무로 바꾸고 3년 이내에 일본 전역에 있는 440여 개의 사무실을 절반으로 줄이겠다."

회사에 출근하지 않고 원하는 곳 어디에서나 근무할 수 있다면 어떨까요? 약 8만 명의 직원이 근무하는 일본 기업 후지쓰(Fujitsu)는 코로나19 사태를 겪으며 재택근무를 전면 도입했습니다. 그리고 앞으로 절반의 사무실을 없애겠다는 계획을 발표했죠. 출근 인원이 줄어드니 넓은 사무실이 필요 없어졌고, 사무실을 유지하고 관리하는 데 드는 비용과 직원들에게 지급하던 교통비를 아낄 수 있게 되었어요. 그 돈으로 직원들에게 재택근무 수당을 매월 5000엔씩 지급하기로 했죠. 후지쓰뿐 아니라 많은 일본 기업이 재택근무를 확대하겠다고 밝히면서 사무실 수요가 급감해 2020년 상반기 동안 도쿄 내 주요 5개 구의 사무실 공실률은 8년 만에 처음으로 3개월 연속 상승세를 보였어요.

우리나라에서도 대형 사무실을 줄이는 대신 공유 오피스를 활용해 꼭 필요할 때만 대면할 수 있는 거점 공간을 마련하는 기업이 늘어나고 있어요. 이처럼 비대면 근무는 대면 근무를 할 때 드는 각종 시간과 비용을 절약하고 전체적인 생산성과 효율성을 높일 수 있다는 장점이 있습니다. 게다가 직원들도 회사와의 거리를 신경 쓰지 않고 원하는 지역에서 살 수 있기 때문에 삶의 질이 높아지죠.

언택트 문화는 불편한 소통과 관계에서 오는 감정의 소모를 줄여 줄 수도 있어요. 친밀한 인간관계가 주는 장점도 많지만, 인간관계에 지친 사람들은 직접 대면하지 않는 언택트 문화 속에서 자유로움이나 편안함을 느낄 수 있기 때문이죠.

2016년 우리나라의 한 화장품 업체는 한 장의 사진으로 해외 누리꾼의 주목을 받았습니다. 매장 입구에 놓인 바구니를 찍은 평범한 사진이었죠. 사진 속에는 '혼자 볼게요.'라고 적힌 초록색 바구니와 '도움이 필요해요.'라고 적힌 주황색 바구니가 나란히 놓여 있었어요. 직원의 설명을 원하지 않는 사람이 혼자 조용히 쇼핑을 즐기려면, 초록색 바구니를 택하면 되는 거였죠. 많은 사람이 "내성적인 사람들도 편안하게 쇼핑할 수 있겠다."라며 아이디어를 칭찬했어요.

여러분은 물건을 사러 가거나 상담을 받으러 가서 누군가를 직접 대면하는 것이 부담스러웠던 적 없나요? 그냥 구경만 하고 싶거나 아무런 계획 없이 지나다가 들른 경우라면 직원의 적극적인 설명과 친절이 때로는 부담스럽다고 느껴질 수 있어요. 그게 질병에 대한 상담이라거나 돈을 빌리는 대출 같은 일이라면 더 위축되는 느낌이 들 수도 있죠. 소비자뿐 아니라 서비스를 제공해야 하는 직원으로서는 더욱더 그렇습니다. 직접 대면하는 과정에서 친절하게 응대해야 한다는 것 때문에 과도한 감정 노동을 해야 하고, 소비자로부터 소위 '갑질'이라 일컫는 부당한 대우를 받을 수도 있으니까요.

이뿐만 아니라 비대면 상황에서는 남의 눈에 비치는 자기 모습을 신경 쓰느라 소모되던 에너지를 줄일 수 있다는 장점도 있어요. 특히 우리나라처럼 체면을 중시하는 사회에서는 남의 시선을 신경 쓰느라 피로감이 커질 수 있으니까요.

2020년, SM 엔터테인먼트와 네이버가 협업해 개최한 온라인 콘서트 '비욘드 라이브'나 방탄소년단의 온라인 라이브 스트리밍 공연 '방방콘 더 라이브'는 오프라인 못지않은 공연을 선보였다는 평가를 받았습니다. 단순히 콘서트 장면을 촬영해서 보여 주는 것에 그치지 않고 실시간 3D 그래픽이나 증강 현실(AR)에 기반한 무대 효과, 수백 명이 동시에 접속할 수 있는 소통 방법 등을 통해 현장에서 공연하는 것과 같은 느낌을 주는 새로운 공연 문화가 탄생한 것이죠. 이처럼 콘서트나 뮤지컬 등을 온라인으로 중계하는 비대면 공연, 온라인을 통한 전시회 등도 종종 열리고 있어요.

이를 두고 직접 가서 보는 공연이 주는 현장감과 딱 한 번뿐인 그 자리에 내가 함께한다는 느낌, 원본 작품이 주는 신비감 등이 사라진다는 면에서 비대면 공연이나 온라인 전시회를 '아우라(aura)의 상실'이라고 보는 사람도 있을 거예요. 하지만 한편으로는 시공간과 관계없이 훨씬 더 많은 사람이 동시에 즐길 수 있고, 비용도 줄어든다는 점에서 예술의 대중화에 이바지한다는 장점이 있어요.

「기술복제시대의 예술 작품」이라는 글에서 예술 작품이 지닌 아우라를 이야기한 독일 평론가 발터 베냐민(Walter Benjamin) 역시 아우라의 상실과 몰락을 부정적으로 보지 않고, 이것이 대중에게 끼치는 긍정적인 측면에 주목했죠. 그의 예상이 맞아떨어진 것일까요? 2020년 세계 최대 미술 행사 중 하나인 '아트 바젤 홍콩'은 코로나19 사태로 인해 온라인 전시회로 바뀌었습니다. 하지만 방문객은 25만 명으로, 오프라인으로 개최했던 2019년의 8만 명에 비해 세 배 이상 늘어났어요.

문화 예술 분야뿐 아니라 원격 교육이나 원격 의료가 활성화되면, 물리적 거리나 신체적 한계 등으로 인해 해당 서비스를 받기 어려운 사람들에게도 동등한 기회를 줄 가능성이 커진다는 장점이 있죠. 이처럼 언택트, 그로 인한 온택트는 대중문화를 비롯해 교육, 의료 등 다른 재화와 서비스의 측면에서도 더 많은 사람에게 접근할 수 있는 길을 열어 줍니다.

그렇다면 언택트를 삶의 모든 영역에 적용해도 될까요? 이를 부정적으로 바라보는 사람들은 언택트의 확산을 왜 비관적으로 생각하는 것일까요?

언택트 시대에도 누군가에게는 콘택트가 필요하다

언택트 시대가 누구에게나 자유로움과 편리함을 가져다줄 수 있을지 생각해 보죠. 우리가 비대면으로도 별문제 없이 물건을 구매하고, 교육을 받고, 은행 업무를 처리할 수 있는 것은 사람과 사람을 연결하는 일을 기계나 로봇이 대신하기 때문이에요. 그렇다면 이전에 그러한 일을 하던 사람들은 어떻게 되는 것일까요?

2020년 6월, 천안 아산점과 경기 양주점을 시작으로 한 해에만 15개의 롯데마트 매장이 문을 닫는다는 기사가 보도되었습니다. 사람들이 더는 오프라인 매장을 찾지 않아 대형 마트와 백화점 등이 커다란 영업 손실을 보았기 때문이죠. 결과적으로 이는 강도 높은 인력 구조 조정, 많은 판매직 노동자의 일자리 상실로 이어지게 되었어요. 롯데 측은 오프라인 매장을 줄이는 동시에 새로운 온라인 유통 플랫폼을 구축할 계획을 세웠다고 해요.

그럼 새로운 일자리가 만들어지니 좋은 일 아니냐고요? 온라인 매장은 누적된 고객 데이터를 바탕으로 맞춤형 쇼핑 서비스를 제공하기 때문에 새로운 사업을 추진한다고 해도 오프라인 매장만큼의 고용이 이루어지지 않을 가능성이 커요. 디지털 기술을 이용하면 적은 인원으로도 충분히 플랫폼을 운영할 수 있으니까요. 즉, 언택트의 확산은 누군가에게는 편리함을 주지만 또 다른 누군가, 특히 전통적인 서비스업에 종사하던 사람들에게는 생계를 위협하는 문제가 될 수도 있습니다.

영화 〈나, 다니엘 블레이크〉는 심장병으로 목수 일을 그만두게 된 주인공 다니엘이 실업 급여를 받기 위해 관공서에 찾아가면서 이야기가 시작됩니다. 담당 공무원은 실업 급여를 인터넷으로 신청해야 한다고 안내하지만 59세인 다니엘은 컴퓨터 사용법조차 잘 몰랐죠. 다른 사람의 도움을 받아 겨우 신청서 작성을 마칠 즈음 사용 시간 30분을 초과했다는 메시지가 뜨고, 기다리는 뒷사람을 위해 자리를 비켜 줘야 했어요. 그는 결국 집으로 돌아와 이웃 청년의 도움을 받아 실업 급여 신청을 마칠 수 있었어요.

이 영화는 비효율적인 관료제를 비판하는 동시에 편리하고 빠른 디지털 시대에 누군가가 겪게 될 어려움과 소외감을 드러내요. 그리고 언택트 시대에도 여전히 콘택트(접촉)가 필요한 사람들이 존재한다는 사실을 보여 주죠. 키오스크를 사용해 주문하는 것이 낯설고 어려운 사람들, 흔히 '디지털 소외계층'이라고 불리는 사람들은 나이가 많거나 인터넷 기반 시설이 취약한 환경에 놓여 있을 가능성이 커요.

언택트는 시공간의 한계를 초월해 필요한 재화와 서비스를 누릴 수 있게 하지만, 결코 '누구나' 이 혜택을 자유롭게 누리지는 못합니다. 오히려 이전에는 소외되지 않았을 사람이 소

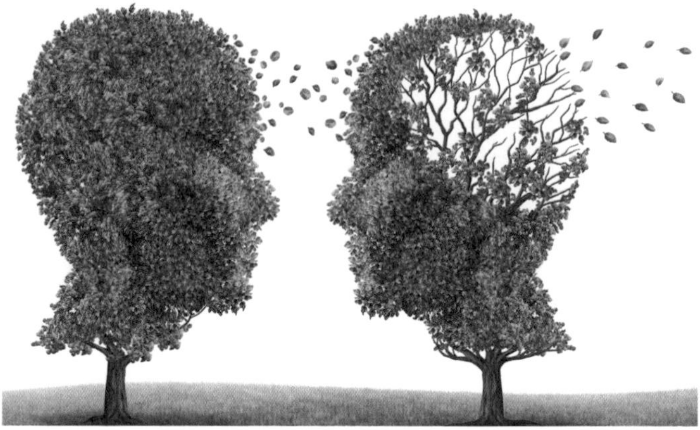

외되거나 배제되는 일이 늘어나기도 하죠. 디지털 공간에서의 접촉이 더욱 평등하고 자유로워지기 위해서는 이러한 문제를 고려한 대책이 뒤따라야 해요.

프랑스 철학자 에마뉘엘 레비나스(Emmanuel Levinas)는 고통당하는 타인의 얼굴을 마주하고 그들에 대한 책임을 짊어질 때 우리에게 윤리적 삶의 가능성이 열린다고 주장했어요. '얼굴을 본다.'는 것은 단순히 눈으로 그 사람을 본다는 의미만이 아니라 그를 인간으로, 나와 동등한 인격체로 마주한다는 의미를 담고 있기 때문이에요. 그래서 땀 흘리고 고통에 찬

얼굴을 보면 쉽게 외면할 수 없죠.

우리의 눈앞에서 다른 사람의 얼굴을 사라지게 만드는 언택트가 일상화되면 어떻게 될까요? 코로나19의 확산 속에서 우리 눈앞에 보이지 않지만 쉴 새 없이 바쁜 사람 중에는 택배 노동자로 대표되는 운송 서비스업자들이 있습니다. 온라인 주문과 배달이 폭주하면서 업무량이 늘어난 데다 방역 때문에 조심해야 해서 더 힘든 상황이었죠. 안타깝게도 근무 중에 쓰러져 목숨을 잃은 택배 노동자들의 과로사도 잇따랐어요. 그 와중에 택배 노동자에 대한 고객의 갑질 문제가 불거지기도 했고요. 무거운 상자나 생수통을 들고 계단을 오르내리는 힘겨운 얼굴을 직접 마주한다면 쉽게 일어날 수 없는 일이죠.

이렇듯 소비자의 편리함 뒤에 숨겨진 플랫폼 노동자의 희생은 언택트 시대에는 보이지 않게 되고, 그 결과 사람들은 '보이지 않는' 타인을 도구로 대우하기 쉽다는 문제가 남습니다.

잃어버린 타인의 얼굴을 그려 내며 함께 살아가는 일

일자리 상실, 디지털 격차, 비인간화와 도구화 등 여러 가지 문제가 있지만, 언택트의 장점을 완전히 부인하거나 사회의 변화를 되돌리는 것은 불가능해 보입니다. 그렇다면 언택트, 즉 비대면 사회는 대면 사회를 대체할 수 있을까요?

어떤 사람들은 예술과 창조의 영역, 윤리와 감정의 영역은 기계나 로봇이 대신할 수 없으므로 인간적인 영역으로 남을 것이라고 말하기도 합니다. 하지만 영화 〈블레이드 러너〉 속 복제 인간은 감정을 느끼고 의식을 가진 존재로, 사랑과 신념을 위해 인간보다 더 인간적인 면모를 보여 주며, 기계화된 사회에서 마지막까지 남을 '인간성'이 무엇인지 되묻게 만들죠.

디지털 기술이 점점 더 발달해 모든 것이 비대면으로 이루어지는 미래의 어느 날, 온라인상에서의 만남 속에서도 단절되지 않고 서로가 연결되어 있음을 의식하고, 타인의 고통과 아픔에 연대하고 협력할 수 있으려면 무엇이 필요할까요? 그러한 방법을 찾아 잃어버린 얼굴을 그려 내고 공존하는 것이 포스트 코로나 시대의 우리에게 요구되는 과제일 것입니다.

놓치지 마요

언택트 핫&이슈 ▼

'현금 없는 사회'가 온다

현금 대신 신용 카드, 전자 화폐, 가상 화폐로 거래와 결제를 하는 것이 일반화된 '현금 없는 사회'가 보편화되고 있다. 2019년을 기준으로 스웨덴은 현금 수납을 하지 않는 은행이 70퍼센트가 넘었으며, 스타벅스 한국 매장에서도 64퍼센트의 매장이 현금을 취급하지 않는다. 온라인 쇼핑과 더불어 비대면 소비가 증가하면서 현금 사용은 점점 더 줄어들 전망이다.

언택트 시대, 로봇이 콘택트 포인트?

과거 SF 영화에서나 보던 AI 로봇이 코로나19 확산으로 인한 언택트 시대의 화두로 떠오르고 있다. 최근 상담을 진행하는 챗봇을 비롯해 방역 소독과 순찰에 이르기까지 로봇이 활용되는 분야가 확대되었다. 이 과정에서 기업의 재무, 제조, 고객 관리 등 데이터를 수집해 로봇이 단순 반복 업무를 처리하게 하는 자동화 소프트웨어 프로그램인 '로봇 프로세스 자동화(RPA)'에 대한 관심도 함께 높아지고 있다.

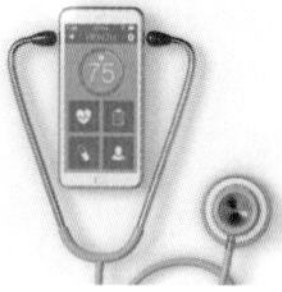

원격 의료 도입 찬반 논란

코로나19의 확산은 '원격 의료'에 대한 논란을 더욱 심화시켰다. 찬성 측에서는 원격 의료가 지역별 의료 수준 격차를 해소하고 의료비를 낮추는 데다 감염병으로 인한 의료 시스템의 마비를 대비하는 방법이 될 수 있다고 주장한다. 반대 측에서는 전화 상담이나 처방으로는 환자의 상태를 정확하게 진단하고 진료 기회를 제공하기 어렵다고 맞선다. 또 원격 의료가 시행되면 대형 병원으로 의료 수요가 집중되어 의료 서비스의 공공성을 훼손할 것이라는 우려도 있다.

언 택 트 토 론

언택트는 우리를 더욱 자유롭게 만들까?

○ 찬성 ○

1. 언택트는 일의 본질에 집중하게 한다

재택근무나 원격 근무가 자리 잡으면 동료와의 잡담, 출퇴근 시간을 줄일 뿐 아니라, '보여 주기, 시간 끌기, 지나친 의전에 따른 조직의 자원 낭비'와 같은 가짜 일이 사라지고 일의 본질에 집중하게 될 가능성이 크다.

2. 언택트는 시간과 공간 제약으로부터 자유롭게 만들어 준다

오늘날은 온라인에 접속하면 언제 어디서나 자유롭게 원하는 재화를 사고 서비스를 이용할 수 있다. 원하는 시간에 원하는 장소에서 쇼핑하고, 은행 업무를 처리할 뿐 아니라 병원 진료를 하고, 데이트하는 것까지 가능해진다면 우리는 시공간의 굴레에서 훨씬 자유로워질 것이다.

3. 언택트는 불필요한 감정 노동에서 벗어나게 한다

비대면 주문 · 배송은 직원이 고객에게 적극적이고 친절하게 응대해야 한다는 부담을 줄여 주며, 소비자도 직원을 신경 쓰지 않고 원하는 재화와 서비스를 누릴 수 있도록 만든다. 즉, 인간관계에서 오는 피로감과 불필요한 감정 노동으로부터 우리를 자유롭게 만들어 줄 것이다.

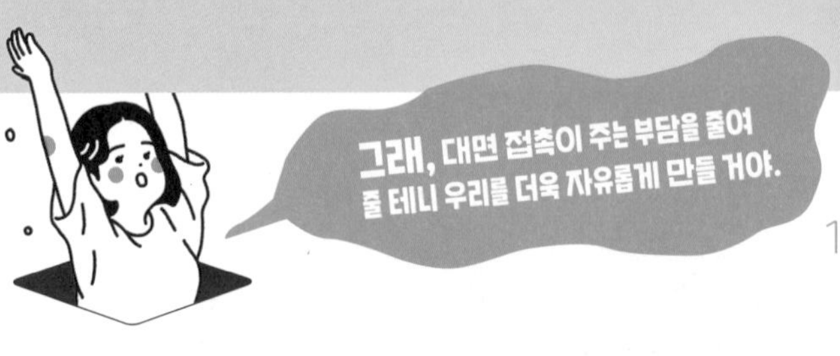

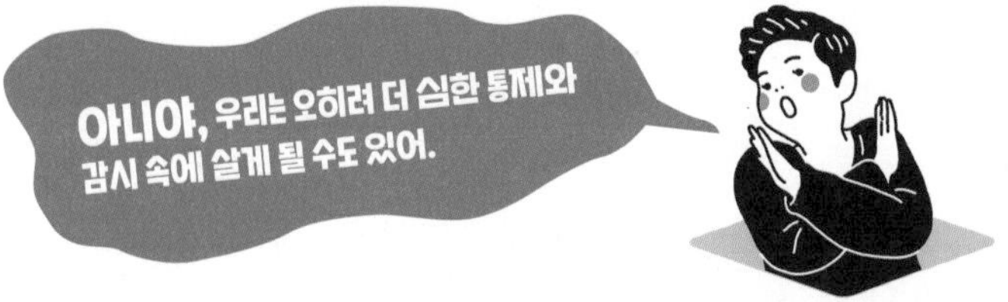

✖ 반대 ✖

1. 언택트는 일과 일상생활의 경계를 무너뜨릴 수 있다

정해진 출퇴근 시간 없이 재택근무를 하게 되면 일이 일상생활 영역을 침범하는 문제를 겪을 수 있다. 성과나 업무 목표 달성보다 근태 관리에 신경을 쓰는 패러다임 자체를 바꾸지 않는 한, 보이지 않는 관리자에게 놀고 있다는 인상을 줄까 봐 더욱 부담이 커지는 것이다.

2. 언택트는 수많은 개인 정보를 토대로 우리를 통제한다

언택트는 대면 접촉을 하지 않는 것일 뿐 온택트를 동반한다. 온라인상의 교류는 개인의 신용 정보와 구매한 물건, 취향, 친구까지 광범위하고 사적인 정보를 기록으로 남긴다. 이처럼 모든 기록이 남는 사회는 사생활 침해를 가져오고 감시 사회의 위험을 안게 된다.

3. 언택트는 평판 관리에 더 많은 에너지를 쓰게 한다

물건 구매나 음식점 방문 시 많은 사람이 별점이나 후기를 참고한다. 후기가 나쁘면 해당 업체는 이미지와 매출에 큰 타격을 입기도 한다. 온라인 평판은 오프라인보다 더 많은 사람에게 빠른 속도로 퍼지기 때문에 비대면 거래가 오히려 더 많은 감정 노동과 에너지 소모를 가져올 수 있다.

6

젠트리피케이션

생각 열기 툰

단골 떡볶이집이 이사 갔어. 유일한 낙이 사라졌다.
옆집 꼬물딱 공방도 문 닫았네. 뭐 좀 배워 볼까 했는데.
여긴 원래 낙후된 도심이었지. 작고 멋진 가게가 많아서 좋았는데 아쉽다.

○○ 떡볶이
동네가 뜨면
집값도 임대료도 오르는 게 당연하지.
그런 게 발전이야. 억울하면 건물주가 되렴.

크고 깔끔해서 좋은데?
떡볶이만 맛있으면 되는 거 아니야?
그냥 흔한 맛이네.
단골집이 그립다.

되살아나는 도시들의 딜레마

저물어 가던 거리에 사람들이 다시 모이기 시작한 이유

'행리단길'이라고 들어 보았나요? 경기도 수원의 '행궁동'과 서울 이태원의 '경리단길'을 합친 이름이에요. 경리단길이 이국적이고 특색 있는 식당과 카페로 젊은 층의 인기를 끌었는데, 낙후 지역이던 행궁동에 젊은 창업가들이 모이고 개성 있는 가게들이 생겨나면서 상권이 뜨자 행리단길이라고 불리게 된 것이죠.

사실 행궁동은 수원의 대표적인 구도심 지역이었어요. 조선 시대에도 정조 대왕이 아버지 사도 세자의 묘소를 참배하러 갈 때 중도에 여장을 풀곤 했던 주요 번화 상권 중 하나였다고 해요. 이러한 명맥은 1990년대까지 이어졌죠. 그런데 아이러니하게도 1997년 수원 화성이 유네스코 세계 문화유산으로 지정되면서 이 지역이 쇠퇴의 길을 걷기 시작합니다. 왜냐고요? 화성 성곽이 마을을 둘러싼 행궁동은 대부분 지역이 문화재 보호 구역으로 묶여 개발이 제한되었기 때문이에요. 게다가 수원 근교에 신도시가 개발되면서 많은 사람이 떠나고 상권도 쇠퇴했어요.

이러한 상황에서 2000년대 중반부터 일부 문화 예술인들이 저렴한 임대료로 창작 공간을 마련하기 위해 이곳에 모이기 시작했어요. 이들은 주로 작은 공방, 카페, 갤러리 등을 운영하며 시민 단체와 연계해 행궁동 마을 만들기 사업을 구상했죠. 주택가 벽화 작업과 빈집 미술관 전시회 등 생활 예술 프로젝트를 진행하며 마을 분위기는 조금씩 바뀌어 갔어요.

행궁동이 좀 더 적극적으로 변화하기 시작한 것은 2013년 '생태 교통 수원' 축제가 열리면서부터였어요. 수원시에서는 130억 원을 들여 낡은 골목길과 간판, 전선 등을 손보고, 벽화를 그리고, 주변에 꽃을 심는 등 가로 정비 사업을 진행했어요. 지방 자치 단체가 지역 주민, 문화 예술인들과 힘을 합친 것이죠.

2016년 초부터 이 골목의 몇몇 카페가 SNS를 통해 알려지면서 사람들이 찾아오기 시작했어요. 그 후로도 축제를 이어가며 사람들의 발걸음을 이끈 행궁동은 곧 '행리단길'이라 불리며 주말마다 사람들로 북적이고 있어요.

생기를 되찾는 골목, 점점 밀려나는 사람들

이렇게 낙후되었던 동네가 다시 생기를 찾는 모습을 보면서, 한편에서는 우려의 목소리를 내는 사람들이 있답니다. 동네가 발전하는데 도대체 뭐가 걱정이냐고요? 지금은 발전하고 있는 것 같지만, 시간이 조금 더 지나면 상황이 어떻게 변할지 모르거든요. 행리단길과 비슷한 변화를 조금 먼저 겪은 다른 지역을 살펴볼까요?

서울시 마포구 망원동에서 40년간 사진관을 운영하던 김 씨는 2017년 갑작스레 가게 문을 닫았어요. 같은 자리에서만 22년째 사진을 찍어 온 그는 주민들 사이에서 동네 터줏대감으로 통할 만큼 망원동의 대표 사진사였죠. 그런 김 씨가 사진관을 닫고 망원동을 떠나게 된 이유는 터무니없이 오른 임대료 때문이었어요. 그동안 보증금 4000만 원에 80만 원의 월세

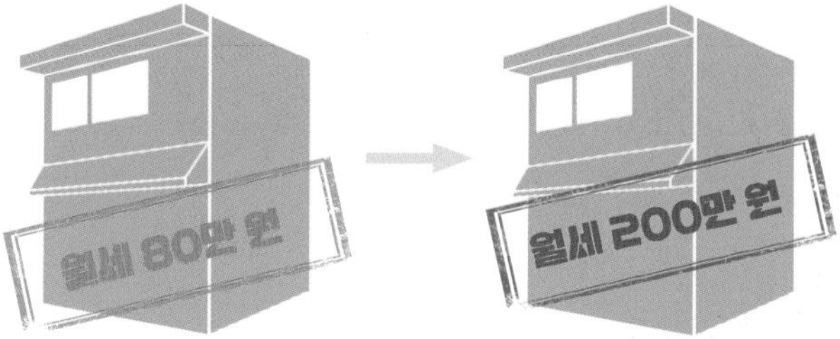

를 내며 가게를 운영해 왔는데, 세 들어 있던 건물의 주인이 바뀌면서 갑자기 훨씬 많은 임대료를 요구한 거예요. 임대료를 감당할 수 있는 수준으로 합의해 재계약하고 싶었지만 성사되지 않았고, 근처의 다른 가게들도 임대료가 몇 배씩 뛰어 다른 자리를 구할 수도 없었죠.

동네 터줏대감도 등 떠밀려 떠나야 했던 망원동은 원래 수원 행궁동처럼 전형적인 주택가였어요. 그런데 인근 지역인 홍대, 연남동, 상수동의 임대료가 오르면서 자영업자와 문화예술인들이 상대적으로 임대료가 저렴한 망원동까지 밀려와 창업하게 된 것이죠. 이후 시간이 흘러 망원동 골목이 개성 있는 골목으로 변화되고 SNS와 언론 보도로 소문이 돌면서 외지인의 발길이 잦아지자 망원동의 건물 임대료가 치솟습니다.

—o 젠트리피케이션의 대표적인 사례로 꼽히는 홍대 거리.

그 결과 김 씨 같은 망원동 주민들은 급등한 임대료를 감당하지 못하고 폐업하거나 다른 지역으로 밀려나게 되었죠. 저렴한 임대료 때문에 이곳으로 이주해 창업했던 초기의 작은 가게 주인들, 그러니까 동네를 유명하게 만든 이들도 또다시 쫓겨나게 되었고요. 이처럼 도시 환경이 변하면서 중상류층이 도심의 낙후 지역으로 유입되고, 이로 인해 땅값과 임대료 등이 상승하면서 비싼 월세를 감당할 수 없는 원주민들이 다른 곳으로 밀려나는 현상을 '젠트리피케이션(gentrification)'이라고 해요.

다시 행리단길로 돌아가 볼까요? 지금 행리단길에서도 이러한 젠트리피케이션의 조짐이 보이고 있어요. 2017년 행리단길에 있는 상가 임대료는 33제곱미터(약 10평)가 평균 보증금 500만 원, 월세 40만 원 정도였는데, 2020년 초에는 같은 규모의 상가가 보증금 1000만 원, 월세 80만 원으로 두 배나 늘어났죠.

이렇게 임대료가 급격히 상승하다 보면, 기존에 저렴한 임대료 때문에 이 골목에 들어왔던 작은 가게들은 망원동 사진관의 김 씨처럼 더는 임대료를 감당할 수 없는 상황에 처하게 돼요. 아무리 장사가 잘된다고 해도 작은 가게에서 얻을 수 있는 수입은 한정되어 있거든요. 결국 골목 밖으로 밀려나는 것이죠. 그 자리에는 누가 들어오게 될까요? 바로 대형 프랜차이즈 기업입니다. 거대 자본과 수익 구조를 갖춘 이들은 비싼 임대료를 감당할 수 있으니까요.

그런데 문제는 기존의 작은 가게들이 하나둘 떠나고 나면 이 골목만의 색깔과 문화, 즉 행리단길의 정체성은 사라지고 만다는 거예요. 사람들의 발걸음을 이끌었던 아기자기하고 감성적인 골목의 매력은 사라지고, 주변의 다른 번화가와 다를 바 없이 획일화되는 '문화 백화 현상'이 나타나죠. 결국 사람들의 발길은 점점 뜸해지고 상권은 다시 쇠락하는 길을 밟게 돼요.

문화 백화 현상
대형 프랜차이즈 기업의 등장으로 해당 지역의 고유한 문화와 분위기가 사라지고 획일적으로 변하는 현상이다.

도시의 탄생과 성장, 쇠퇴 과정에서 일어나는 젠트리피케이션

젠트리피케이션은 1964년 영국의 사회학자 루스 글래스(Ruth Glass)가 처음 사용한 용어예요. 당시 런던의 서쪽은 부촌이었던 반면, 동쪽 지역은 해외 이주 노동자들이 정착한 열악한 빈민촌이었어요. 이 동쪽 지역에 중산층이 들어오기 시작하면서 변화가 시작되었어요. 이들은 노후한 주택들을 매입하고 수리해 고급 주거지로 탈바꿈시켰고, 그곳에 직접 거주하거나 다시 임대했어요. 그 과정에서 임대료가 인상되자 기존의 저소득층 거주자들이 이를 감당하지 못하고 쫓겨나는 상황이 발생했어요.

글래스는 이와 같이 도심 낙후 지역의 주택들이 재개발되는 과정에서 그 지역에 거주하던 하층 노동자 계급이 쫓겨나고 중산층으로 대체되는 현상을 '젠트리피케이션'이라고 불렀습니다. 영국 산업 혁명 이전의 귀족을 뜻하는 '젠트리(gentry)'가 새로운 주민이 '된다(-fication)'는 의미예요. 즉, 낙후된 노동 계급 거주 지역에 새로운 주택들이 들어서면서 중산층 계급이 들어오고 정작 노동 계급은 쫓겨나는 현상을 말하는 것이죠.

그 후 많은 도시 연구자가 젠트리피케이션 현상을 연구했어요. 런던, 파리, 뉴욕 등 유럽과 미국의 대도시를 대상으로 시작된 연구는 베이징, 도쿄, 하노이 등 동아시아 대도시로까지 확장되었죠. 우리나라에서는 비교적 최근에서야 젠트리피케이션 연구가 이루어졌어요. 지금까지 서울만 해도 홍대, 합정동, 서촌, 경리단길, 가로수길 등 기존의 낙후 지역이나 열

젠트리피케이션

최근 국립국어원에서는 젠트리피케이션을 순우리말인 '둥지 내몰림'으로 다듬어 쓰자고 제안했다.

세 상권이 되살아났어요. 하지만 임대료 상승 때문에 지역을 새롭게 일군 문화 예술인, 젊고 창조적인 상인, 원주민 등이 다른 지역으로 쫓겨나는 역설적 현상이 빈번하게 발생하자, 이를 설명하기 위한 개념으로 젠트리피케이션이란 용어가 주목받게 되었어요.

젠트리피케이션 현상은 왜 나타나는 것일까요? 그 원인을 찾다 보면 젠트리피케이션이 단일한 현상이 아니라, 다양한 원인으로 다양하게 전개되고 있음을 알 수 있어요.

우선 젠트리피케이션 개념을 이해하려면 도시의 변화 과정을 고려해야 해요. 인간의 삶에 생로병사가 있듯이 도시도 탄생과 성장, 쇠퇴라는 변화 과정을 거치거든요.

미국의 도시 변화를 예로 들어 볼까요? 도시가 처음 만들어질 때 주거지는 거의 도심에 자리합니다. 이후 도시의 규모가 점점 커지면서 상업과 업무 기능이 도심에 집중되고, 교통 문제나 환경 문제 등으로 주거 환경이 점점 열악해지죠. 그 결과 중산층은 넓고 쾌적한 교외로 주거지를 옮기고, 하위 노동자 계급이 그 자리를 대신하게 돼요. 그러다 점차 노후화되거나 낙후되는 도심지를 재개발하는 과정에서 중산층이 다시 돌아오는 현상이 일어나죠. 다시 말해 젠트리피케이션은 단순히 임대료 상승으로 원주민이 내몰리는 현상이라는 결과적 측면뿐만 아니라 도시가 변화해 가는 과정을 들여다보아야 이해할 수 있어요.

그런데 중산층이 노후화된 도심으로 다시 이주한 이유는 무엇일까요? 사회 문화적 관점에서는 신흥 중산층 세대의 개인적인 소비 성향을 원인으로 들 수 있습니다. 절약을 중요하게 여기고 도시보다 전원생활을 즐기던 부모 세대와는 달리, 신흥 중산층은 도시 생활과 여가를 중시하며 각자의 개성을 반영한 소비 생활을 즐기는 성향이 있었어요. 이들이 도심에 살기 원하면서 노동자들의 주거지는 도심 밖으로 밀려나게 된 것이죠.

신흥 중산층
1980년대 도시 주변을 생활 기반으로 삼고 전문직에 종사하면서 신자유주의를 지향하는 젊은 세대를 가리키는 말로 '여피'라고도 부른다.

개인적 성향의 측면이 아니라 '자본의 이동'이라는 관점에서 젠트리피케이션을 바라보는 입장도 있습니다. 도심 개발이 포화 상태에 이르러 더 이상 높은 수익을 기대하기 힘들 때는 자본을 교외로 이동시켰다가, 낙후된 구도심에 투자가 이루어져서 높은 시세 차익을 얻을 수 있는 상태가 되면 다시 도심에 자본을 투자한다는 논리예요. 부동산 가격의 현재 가치와 미래 가치를 비교해 시세 차익을 거둘 수 있는 곳으로 자본이 움직인다는 것이죠. 주로 건물주와 개발업자, 부동산 중개업자 등 공급자의 입장이라고 할 수 있어요.

젠트리피케이션을 유발하는 주체로서 정부 또는 지자체가 지목되기도 합니다. 정부 주도의 도시 개발 정책으로 부동산 가격과 임대료가 상승한다는 것이죠. 최근에는 정부의 적극적인 개입과 부동산을 통해 이윤을 추구하려는 자본 논리가 합쳐져 일부 지역에서는 젠트리피케이션 문제가 더욱 심각하게 나타나고 있기도 해요.

다양하게 나타나는 젠트리피케이션의 여러 얼굴

젠트리피케이션은 매우 다양한 모습으로 전개됩니다. 주택 리모델링, 재건축 등으로 부동산 가격과 임대료가 상승해 원주민이 거주지를 이전하는 경우를 '주거 젠트리피케이션'이라고 해요. '주거지 고급화'라고도 하죠. 루스 글래스가 런던 도심을 연구하며 젠트리피케이션 개념을 제시한 이후, 지난 50

년간 서구에서 이루어진 젠트리피케이션 논의는 대부분 주거 젠트리피케이션에 대한 것이었어요.

우리나라에서도 1970년대 이후 대규모 재개발 · 재건축 사업으로 가난한 세입자와 영세 주택 소유자, 상가 세입자들이 비싼 집값과 전월세를 감당하지 못하고 다른 주거지로 이주하는 일이 많았죠. 또 대규모 재개발이 아니라고 하더라도 특정 지역의 상권이 활성화되면, 상가 건물을 신축하거나 주택을 리모델링해 상가로 전환하는 등 주택 공급 자체가 줄어들어요. 세탁소, 미용실, 사진관 등의 생활 편의 시설이 외지인들을 위한 카페, 맛집, 프랜차이즈 기업으로 바뀌고 가격도 상승하기 때문에 그곳에 사는 주민들은 어쩔 수 없이 이주하게 되기도 하는데, 이러한 현상도 주거 젠트리피케이션이라 할 수 있어요.

다음으로 최근 우리나라에서 가장 많이 나타나는 유형은 '상업 젠트리피케이션'이에요. 앞에서 살펴보았던 행리단길이나 망리단길의 사례처럼, 상가 건물의 임대료 상승으로 인해 원주민과 문화 예술인, 기존 상인들이 쫓겨나는 현상이죠. 우리나라의 젠트리피케이션은 1980~90년대 대학로와 신촌에서 시작되어 1990년대 압구정 로데오 거리를 거쳐 홍대, 삼청동, 가로수길을 지나 2010년대 이후 북촌, 서촌, 문래동, 경리단길, 해방촌, 연남동, 망원동, 성수동 등지로 점점 퍼지고 있어요. 소위 '뜨는' 동네가 된 이후 외부 자본의 유입과 부동산 및 임대료 급등으로 젠트리피케이션이 발생하기까지의 기간이 매우 짧아지고 있는 것이 특징이에요.

문화 예술인 중심의 '문화 예술 주도 젠트리피케이션'도 있어요. 대표적인 사례로 홍대를 들 수 있죠. 1980~90년대 신촌의 임대료 상승으로 밀려온 수많은 인디 밴드와 문화 예술인이 홍대만의 개성 넘치는 문화를 형성했고, 홍대 거리는 젊은 이들로 넘쳐났어요. 그러자 부동산 가격과 임대료가 치솟기 시작했고, 결국 홍대의 문화 예술인들은 인근으로 밀려날 수밖에 없었죠.

최근에는 지자체에서 예술인들에게 창작 공간을 지원하거나 마을 벽화 그리기 등의 사업을 통해 도시 재생을 주도하는 경우가 많아요. 이들이 초기 도시 또는 골목의 문화와 정체성을 형성하는 데 중요한 역할을 하는 것이죠. 하지만 결국 임대료 상승으로 다시 밀려나는 경우가 많은데, 이처럼 문화 예술 주도 젠트리피케이션은 상업 젠트리피케이션과 복합적으로 진행되기도 합니다.

마지막으로 '투어리스티피케이션' 현상이 있어요. 도시가 재생되면서 지나치게 많은 관광객이 흘러들어 지역 주민의 터전이 관광지화되고 주거 환경이 위협받는 현상을 뜻해요. 대표적으로 서울 종로구의 북촌 한옥 마을, 서촌 세종 마을, 이화동 벽화 마을 등이 있어요. 이러한 전형적인 주거지가 언론 보도 및 지자체의 홍보, SNS를 통해 관광지화되면서 사생활 노출, 소음과 쓰레기 공해, 주차 문제 등으로 골머리를 앓는 주민들이 관광객이나 지자체 공무원들과 갈등을 겪기도

몰려드는 관광객들로 주민들이 불편을 겪어야 했던 북촌 한옥 마을.

해요. 그 결과 지역 주민들의 이주 비율이 급증하고 있죠.

이런 유형을 항상 명확히 구분할 수 있는 것은 아니에요. 실제로 젠트리피케이션 현상은 두 가지 이상의 유형이 겹쳐서 나타나는 경우가 많기 때문이죠. 예를 들어 관광객들이 일으키는 사생활 침해 문제로 주민들이 이사하면, 이는 투어리스티피케이션인 동시에 주거 젠트리피케이션이기도 해요. 지자체에서 주도하는 관광 사업 때문에 해당 거주지가 관광지로 변했다면, 공공 기관이 주도했다는 의미에서 '관트리피케이션'이라고도 부를 수 있죠.

이처럼 원주민이 거주지에서 내몰리는 현상은 매우 다양하게 복합적으로 나타나고 있어요. 하지만 가장 큰 공통 원인은 자본의 개입 문제입니다. 저금리 · 저성장 시대를 사는 사람들이 지나치게 비싸지 않으면서 꾸준한 월세 수입이 보장되고 시간이 지날수록 수익률이 오를 만한 부동산 투자를 찾다 보니, 이제 막 뜨는 골목 상권에 집중하는 것이죠. 이때 골목이 뜰수록 비싼 임대료를 감당할 수 있는 대형 프랜차이즈 기업이 유입되어 지역 문화가 획일화되면, 더 이상 사람들의 관심을 끌지 못하고 상권이 쇠퇴해 모두가 큰 손해를 보는 결과를 낳을 수도 있어요.

젠트리피케이션 문제를 최소화하고 상생하는 법

젠트리피케이션에는 부정적인 측면만 있는 걸까요? 꼭 그렇지는 않습니다. 도시가 재생되는 과정에서 자연스럽게 지역 경제가 활성화되니까요. 낙후된 도심이 깨끗하고 세련된 주택과 상업 공간으로 바뀌면 범죄율이 낮아지죠. 또 발전 과정에서 경제 활동이 활발해져 소득이 늘고 세금도 많이 걷혀 지방 재정이 튼튼해질 수 있어요. 지역의 발전 가능성이 점점 커지는 거예요. 지역 인프라를 많이 활용하게 되니 지방 재정 부담이 완화된다는 점도 긍정적 효과로 볼 수 있고요.

하지만 여전히 제기되는 문제는 이러한 긍정적 효과를 누리는 사람들과 부정적 상황을 겪는 사람들이 서로 다르다는 점입니다. 도시 재생으로 변화된 도심의 문화를 누리거나 부동산 가격 상승으로 경제적 이익을 누리는 이들은 결국 자본을 투자한 사람들, 즉 개발업자와 부동산업자, 외부 투자자라는 것이죠. 정작 도시 재생에 가장 크게 이바지했던 문화 예술인과 소상공인들은 발전된 지역의 혜택을 누리지 못한 채 쫓겨나는데 말이에요. 이처럼 젠트리피케이션은 도시 발전으로 인한 혜택을 투기 자본이 독점하고, 발전에 실제로 기여한 사람들은 배제된다는 문제를 초래합니다.

그렇다면 낙후된 도심을 재생하면서도 젠트리피케이션의 부정적 효과를 줄이고 긍정적 효과를 집중적으로 늘릴 방법은 없을까요? 우리보다 젠트리피케이션 현상을 먼저 경험한 외국의 사례를 살펴보기로 해요.

2004년, 프랑스 파리시는 생기 있는 거리라는 뜻의 '비탈 카르티에' 사업을 시작했어요. 파리시가 특정 회사에 정비 사

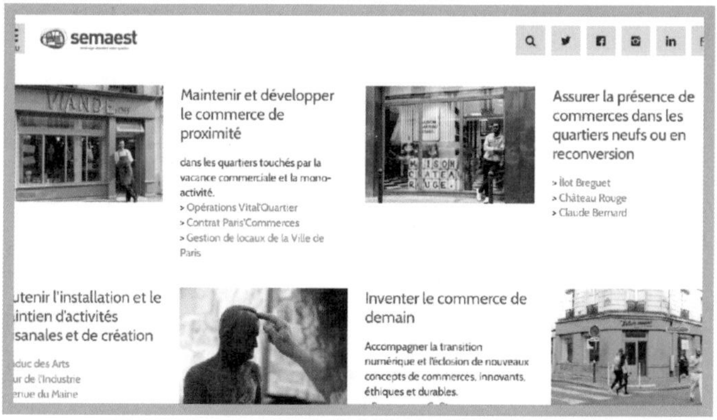

비탈 카르티에 사업을 진행하는 '파리 동부 지역 혼합 경제 정비 회사(SEMAST)'의 홈페이지 화면.

업을 위임해 비어 있거나 매물로 나온 상가를 매입한 후 지역 상인들에게 주변 시세보다 저렴한 가격으로 빌려주는 방식이었죠. 이 사업을 통해 해당 지역의 상권을 독점하던 도매 의류 상점이 대폭 줄어들었어요.

이뿐만 아니라 파리시는 2006년 파리시 전체 도로 길이의 16퍼센트에 해당하는 259킬로미터를 보호 상업가로 지정하는 도시 계획을 시행했어요. 이 거리의 건물 1층에 자리한 점포는 소매업과 수공업 외에 다른 용도로 전환할 수 없고, 빈 공간 역시 소매 점포와 수공업 점포로 바꾸는 계획이었어요. 아예 대형 프랜차이즈가 입점할 수 없도록 제도적으로 조치한 거예요.

영국은 지역 주민들이 참여하는 공동체에서 지역을 위한 의사 결정을 할 수 있도록 법을 제정했어요. 예를 들어 지역 공동체가 정한 주요 자산은 건물 소유주라 하더라도 마음대로 처분할 수 없고, 지역 공동체가 개발 계획을 세우고 자산을 매입해 지역을 개발할 수도 있어요. 국가나 지자체가 주도하는 방식이 아니라 지역 주민들 스스로 살고 싶은 지역을 만들 수 있도록 하는 방식이죠. 이를 통해 지역의 정체성을 확보할 뿐만 아니라 지역 공동체의 영향력을 강화해 부동산 개발업자나 개별 업주들의 지나친 투기 행위를 막고 있어요.

이번에는 우리나라의 사례를 살펴볼까요? 모범적인 도시 재생 사례로 손꼽히는 지역 중 하나가 서울시 성동구예요. 성동구는 2015년부터 도시 재생을 시작하면서 젠트리피케이션 문제를 염두에 두고 조례를 제정해 대응 전략을 세웠어요. 가장 먼저 젠트리피케이션이 이미 일어났거나 앞으로 일어날 가능성이 있는 지역을 '지속 가능 발전 구역'으로 지정해 지나친 임대료 상승을 막고, 지역 상권을 위협하는 업체의 입점을 제한했어요. 이때 이를 결정하는 협의체의 구성원은 지역 주민이었죠. 구청은 구 재정과 기업 기부를 활용해 공공 임대 점포를 일부 확보한 뒤 소상공인들에게 저렴한 임대료로 제공했고요. 이처럼 성동구는 건물주, 임차인과 지역 상권을 지키는 내용의 상생 협약을 체결하며 지역 공동체가 함께 지역을 보호하고 발전시켜 나가려는 노력을 하고 있습니다.

성동구와 같이 지자체가 개입하는 경우 외에 지역 주민들 스스로 좀 더 적극적으로 힘을 모아 젠트리피케이션 문제를 해결하려는 움직임도 있어요.

서울시 마포구에서 출발한 협동조합 '해빗투게더'는 지역 주민들이 돈을 모아 건물을 사들여 공동으로 소유하는 '시민 자산화'를 실천하고 있어요. 주민들이 직접 건물을 운영해 발생한 수익은 또다시 지역 공동체를 위해 투자하죠. 주민들이 주체가 되어 임대료가 과도하게 오르는 현상을 막고 지역 사회를 활성화하는 거예요.

시민 자산화

시민 다수가 공동의 소유 자산을 만들어 함께 사용하고 운영하며 책임지는 과정을 말한다.

이처럼 젠트리피케이션은 주민들이 문제를 인식하고 지역 공동체 차원에서 해결하기 위해 힘을 모으는 것이 중요해요.

지자체와 정부는 이러한 지역 공동체의 노력을 제도적 · 행정적으로 지원할 수 있어야겠죠. 결국 정부와 시민 단체 그리고 건물주와 임차인 모두의 이해와 협조가 맞아떨어질 때, 젠트리피케이션 문제를 최소화하고 상생하는 길을 만들어 갈 수 있을 거예요.

놓치지 마요

젠트리피케이션 핫&이슈 ▼

40년 골목 식당 철거에 반대하는 단골손님들

2020년 11월의 어느 날, 서울 중구 충무로 골목에 있는 한 호프집의 철거에 반대해 단골 50여 명이 뭉쳤다. 구도심인 충무로 골목이 최근에 다시 활성화되면서, 1980년에 문을 연 이 호프집은 건물주와 임대차 분쟁으로 강제 철거 집행 위기에 놓였다. 40년 전통의 골목 식당을 둘러싼 임대차 분쟁에 시민들은 젠트리피케이션을 해결할 다양한 대안을 고민하고 있다.

새 임대차법 시행 후 일어난 전세 젠트리피케이션

2020년 8월부터 전월세 신고제, 전월세 상한제, 계약 갱신 청구권제를 내용으로 하는 '임대차 3법'이 시행되었다. 이후 서울 지역의 전세 매물이 빠르게 줄어들면서 전셋값이 지속해서 오르고 있다. 이로 인해 서울 내에서 전세를 구하지 못한 세입자가 수도권 지역으로 이전하는 일명 '전세 젠트리피케이션' 현상이 나타나고 있다. 그러자 수도권 지역의 전셋값까지 폭등하게 되었다.

젠트리피케이션에 코로나19까지, 해결책을 찾는 상권들

젠트리피케이션 현상으로 몸살을 앓던 상권들의 상황이 코로나19 사태로 더욱 심각해졌다. 젠트리피케이션 현상을 겪었어도 늘 붐비던 홍대 거리 역시 폐점하는 점포가 늘어나고 있다. 광주의 대표 거리인 동명동에서는 주민들이 젠트리피케이션과 코로나19 사태 극복을 위해 골목 상권 활성화 사업을 추진하고, 착한 임대료 인하에 동참하는 등 다양한 노력을 기울이고 있다.

젠 트 리 피 케 이 션 토 론

젠트리피케이션 현상을 막기 위해 대형 프랜차이즈의 입점을 규제해야 할까?

○ 찬성 ○

1. 대형 프랜차이즈가 입점하면 임대료가 더 상승한다

어느 지역의 상권이 뜨면 임대료는 급격히 상승하고, 비싼 임대료를 감당하지 못하는 기존의 소상공인과 주민들은 다른 지역으로 밀려나게 된다. 반면 브랜드 이미지 구축을 중시하는 대형 프랜차이즈 기업은 비싼 임대료를 감수하면서 좋은 자리를 찾아 입점하고, 이는 건물의 가치를 올려 임대료를 더 상승시킬 것이다.

2. 대형 프랜차이즈가 입점하면 지역 문화가 획일화된다

도시는 그 지역의 지형과 기후, 주민들이 하는 일과 살아가는 방식 등에 의해 독자적인 특징을 형성한다. 하지만 대형 프랜차이즈 기업은 일관된 시스템으로 운영되기 때문에 다양하고 풍성한 지역 정체성과 개성을 무너뜨린다. 다양성을 잃고 획일화된 상권은 사람들이 찾지 않는 침체 지역이 될 수밖에 없다.

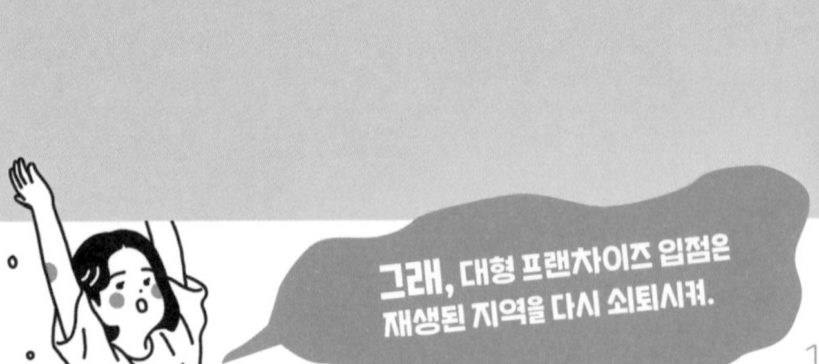

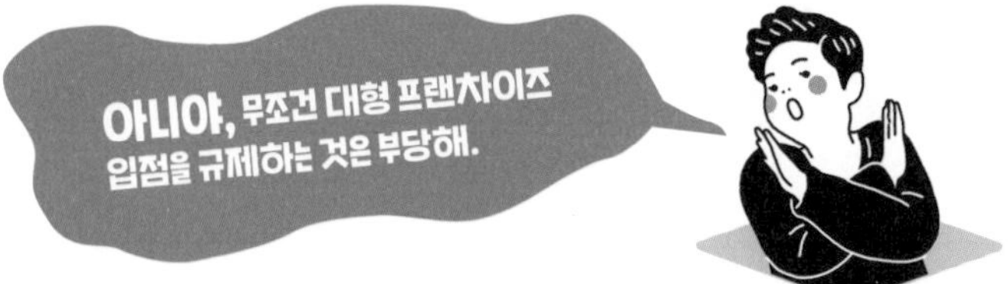

✖ 반대 ✖

1. 대형 프랜차이즈는 젠트리피케이션 발생에 책임이 없다

초기에 도시가 형성되고 발전하다가 어느 순간부터 쇠퇴하고, 쇠퇴한 지역을 다시 활성화하는 과정에서 젠트리피케이션이 발생한다. 대형 프랜차이즈 입점과는 큰 상관이 없다.

2. 대형 프랜차이즈 입점으로 지역이 더욱 활성화될 수도 있다

대형 프랜차이즈 입점은 주변 지역의 발전 가능성을 판단하는 지표가 되어 상권이 더 확장될 수 있다. 또 대형 프랜차이즈의 상품과 음식을 선호하는 젊은 층의 소비 욕구를 충족시켜 지역이 더욱 활성화될 수 있다.

3. 대형 프랜차이즈 입점을 무조건 규제하기보다 상생 방안을 찾으면 된다

자본주의 사회에서 특정 기업을 무조건 규제하는 방식은 정당하다고 보기 어렵다. 그보다는 해당 지역의 건물주와 임차인, 부동산업자, 지자체 공무원과 시민 단체 활동가, 주민들이 협의체를 구성해 상생할 방안을 찾아 나가야 한다.

참고 자료

기본소득

『계간 기본소득』, 기본소득한국네트워크, 2020.

『걷기만 하면 돼』, 강상구 지음, 루아크, 2019.

『보통 사람들의 전쟁』, 앤드루 양 지음, 장용원 옮김, 흐름출판, 2019.

「OECD "한국 소득 격차 더욱 커져…상위 20% 월소득 6.3% 증가"」, 김성은, <뉴스1>, 2020.7.7.

「[펙트체크] 핀란드 기본소득 실험, 실패했나…자체평가는?」, 조준형, <연합뉴스>, 2020.6.4.

「[세계는 기본소득 실험 중] "영구배당금은 주요 수입…공짜 돈에 게을러지는 건 상상 못 해」, 하종훈, <서울신문>, 2017.7.27.

「빌 게이츠가 맞다, 로봇세를 부과할 시점이다」, 프레스턴 그랄라, <CIO Korea>, 2017.3.9.

「탄소부담금으로 기본소득을」, 하승수, 『한겨레21』, 2014.10.8.

기본소득한국네트워크 홈페이지 https://basicincomekorea.org

알래스카 영구 기금 홈페이지 https://pfd.alaska.gov

공유경제

『미래인을 위한 테크놀로지 교양』, 류한석 지음, 코리아닷컴, 2019.

『공유경제』, 마화텅·텐센트 연구원 지음, 양성희 옮김, 열린책들, 2018.

『4차 산업혁명 시대의 공유경제』, 아룬 순다라라잔 지음, 이은주 옮김, 교보문고, 2018.

『공유경제의 시대』, 로빈 체이스 지음, 이지민 옮김, 신밧드프레스, 2016.

『공유경제는 어떻게 비즈니스가 되는가』, 앨릭스 스테파니 지음, 위대선 옮김, 한스미디어, 2015.

「협동조합과 블록체인으로 '우버' 뛰어넘는 '에바(EVA)'」, 박유진, <이로운넷>, 2020.5.20.

「"그랩도 초기엔 택시 운전기사와 갈등…한 명씩 설득 또 설득했다"」, 김남영, <한국경제>,

2019.6.17.
「브라이언 체스키 에어비앤비 창업자, 10년 만에 세계 숙박시장 판 뒤집다」, 정연일, <한국경제>, 2019.1.31.
「공유경제는 진짜 有罪일까」, 배정원, <조선일보>, 2015.4.11.

빅데이터

『모두 거짓말을 한다』, 세스 스티븐스 다비도위츠 지음, 이영래 옮김, 더퀘스트, 2018.
『심리정치』, 한병철 지음, 김태환 옮김, 문학과지성사, 2015.
『빅데이터, 승리의 과학』, 고한석 지음, 이지스퍼블리싱, 2013.
『여기에 당신의 욕망이 보인다』, 송길영 지음, 쌤앤파커스, 2012.
「18개월 뒤면 증발하는 구글 개인 정보…사용자는 '활짝'」, 나윤권, <테크플러스>, 2020.6.25.
「'데이터 3법' 통과 後 한 달…빛과 그림자」, 박연서, <아주경제> 2020.2.21.
「'빅데이터' 세상, 사람의 마음까지 읽을 수 있나요?」, 한국전자통신연구원 웹진 VOL.106, 2018.4.

암호화폐

『세상 친절한 비트코인 수업』, 콘래드 바스키·크리스 윌머 지음, 정용철·임소영 옮김, 미래의창, 2019.
「美 증시 약세, 비트코인 강세 '희비'…"BTC 변동성 살아나나"」, 박병화, <코인리더스>, 2020.7.24.
「코로나 19로 '진정한 시험대'에 오른 비트코인」, 오태민, <매거진한경>, 2020.4.14.
「애증의 암호화폐 리플…"매물 쏟아내 가격 폭락하는 일 없을 것"」, 고란, <중앙일보>, 2017.11.9.
코인맵 홈페이지 www.coinmap.org

언택트

『언컨택트』, 김용섭 지음, 퍼블리온, 2020.
『이제부터 일하는 방식이 달라집니다』, 강승훈 지음, 위즈덤하우스, 2020.
『신뢰 이동』, 레이첼 보츠먼 지음, 문희경 옮김, 흐름출판, 2019.
『기술복제시대의 예술작품/사진의 작은 역사 외』, 발터 벤야민 지음, 최성만 옮김, 길, 2007.
『타인의 얼굴』, 강영안 지음, 문학과지성사, 2005.
「기업들 사무실 없애는 日 기업들…재택근무 확산에 도쿄 공실률 급상승」, 정욱, <매일경제>, 2020.7.13.
「비통한 스페인 마드리드…슬픈 드라이브 스루 장례식」, 김향미, <경향신문>, 2020.4.7.
「밀려오는 '언택트', 밀려나는 노동」, 반기웅, <경향신문>, 2020.5.2.

젠트리피케이션

『도시재생과 젠트리피케이션』, 한국도시연구소 엮음, 한울, 2018.
『젠트리피케이션』, 김현아·서정렬 지음, 커뮤니케이션북스, 2016.
『도시의 역설, 젠트리피케이션』, 정원오 지음, 후마니타스, 2016.
「세계유산 품은 '행리단길'… 젊은층 '취향 저격'」, 이경진, <동아일보>, 2020.2.3.
「점집 많던 골목에 올망졸망 카페가…」, 임명수, <한국일보>, 2019.11.8.
「"젠트리피케이션 막자" 광주 동명동 건물주-임차인 상생협약」, 천정인, <연합뉴스>, 2019.8.20.
「40년 정든 사진관 밀어내는 망리단길 '싫어요'」, 김형준, <한국일보>, 2017.3.8.

인용 출처

62쪽_『4차 산업혁명 시대의 공유경제』, 아룬 순다라라잔 지음, 이은주 옮김, 교보문고, 2018, p.318

사진 저작권

13쪽_ 플리커 © Generation Grundeinkommen
37쪽_ 연합뉴스
51쪽(위)_ 플리커 © JOHN LLOYD
114쪽_ 언스플래쉬 © silverhousehd
146쪽_ 연합뉴스
182쪽_ 언스플래쉬 © yokeboy

사회를 달리는 십대: 경제

초판 1쇄 펴낸날 2021년 03월 22일
초판 4쇄 펴낸날 2022년 08월 22일

지은이 황정숙 송현정 옹진환 이상인
그린이 PINJO
펴낸이 홍지연

편집 홍소연 고영완 전희선 조어진 서경민
디자인 전나리 박해연
마케팅 강점원 최은 이희연
경영지원 정상희

펴낸곳 ㈜우리학교
출판등록 제313-2009-26호(2009년 1월 5일)
주소 03992 서울시 마포구 동교로23길 32 2층
전화 02-6012-6094
팩스 02-6012-6092
홈페이지 www.woorischool.co.kr
이메일 woorischool@naver.com

ISBN 979-11-90337-70-0 43300